中国财政科学研究院青年招标课题《农业科技财政投入的 地方案
究》（20200034），课题负责人：李丹

前沿·学术·经典
经管文库
管理类

# 农牧关系视角的农牧民生计和 生态变化研究

## Changing Agro-Pastoralists' Livelihoods and Rangeland Ecological Conditions from the Perspective of Agro-pastoral Relationship

李 丹／著

经济管理出版社
ECONOMY & MANAGEMENT PUBLISHING HOUSE

图书在版编目（CIP）数据

农牧关系视角的农牧民生计和生态变化研究/李丹著 . —北京：经济管理出版社，2021. 3

ISBN 978 - 7 - 5096 - 7884 - 8

Ⅰ. ①农⋯　　Ⅱ. ①李⋯　　Ⅲ. ①农民—生活状况—研究—中国 ②牧民—生活状况—研究—中国　　Ⅳ. ①D422. 7

中国版本图书馆 CIP 数据核字（2021）第 055111 号

组稿编辑：赵天宇
责任编辑：赵天宇
责任印制：黄章平
责任校对：张晓燕

出版发行：经济管理出版社
　　　　　（北京市海淀区北蜂窝 8 号中雅大厦 A 座 11 层　100038）
网　　　址：www. E - mp. com. cn
电　　　话：（010）51915602
印　　　刷：唐山玺诚印务有限公司
经　　　销：新华书店
开　　　本：720mm × 1000mm/16
印　　　张：12. 75
字　　　数：148 千字
版　　　次：2021 年 4 月第 1 版　　2021 年 4 月第 1 次印刷
书　　　号：ISBN 978 - 7 - 5096 - 7884 - 8
定　　　价：88. 00 元

# 前　言

中华人民共和国成立以来，农村地区先后经历了集体化和承包制时期。1950～1952 年完成土地改革，1953～1957 年推行农业合作化，1958 年中央正式通过《关于农村建立人民公社的决议》，决定在全国农村普遍建立人民公社，标志着集体化时代正式开始。1958～1981 年，在人民公社政策指导下，中国农村地区形成了"大锅饭"的生产经营模式。以人民公社的生产大队（相当于现在的村）及生产小队（每村 2～3 个）为单位，共同劳动、分配现金收入及农产品。在集体化生产经营模式下，农民负担重、分红低、收入少，影响了农民的劳动积极性。

20 世纪 70 年代后期，随着改革开放的进程，政府开始尝试改进集体化的生产经营模式。1980 年中央下发了《关于进一步加强和完善农业生产责任制的几个问题》的通知，允许土地承包到户，但不准买卖土地，即土地公有性质不改变。自此，农户得到了土地的承包使用权，开始推行单户家庭承包经营的生产模式。在承包制时期，农民以家庭为单位承包土地，农业产出除了上缴国家税收外（2006年农业税全面取消），收益全部归家庭所有，这充分发挥了个人的积极性，促进了劳动生产率的提高以及农村经济发展，帮助广大农民脱贫致富。

在新疆伊犁农牧交错带地区，1958 年该地区建立人民公社，每个村同时有农业生产小队和牧业生产小队，农民和牧民分工明确，通过合作互补形成了共同利用资源、产品由集体统一分配的农牧关系；1984 年，农牧交错带地区开始实行家庭联产承包责任制，农民仅分到耕地，牧民除了分到草场，每家还有少量耕地以便种植饲草，牧民和农民以家庭为单位分别独自经营农业和畜牧业，并在市场经济下形成了农牧民个体资源交易关系。

承包制以后，农民仅靠农业的收入有限，而农作物秸秆可以作为冬季饲草，因此大多数农民实际上转为以养牧为生，并在夏天找牧民将牲畜放养在夏季草场上（本书称为代牧），从而导致草场承载牲畜过多，草场放牧压力加大。那么，在集体化和承包制时期的农牧关系下，农牧交错带草场生态和农牧民生计呈现怎样的变化？其内在影响机理是什么？为什么承包制时期基于自由市场的农牧民资源交易没有达到草场资源的优化配置？

为了回答上述问题，本书基于新疆伊犁尼勒克县套苏布台村和乌赞村两个案例点的田野调查数据，应用可持续生计框架中的生计资本，通过定量和定性分析，展示集体化和承包制时期农牧民生计和草场生态的变化情况；并从社会演进理论和自然相关交易理论视角，构建了农牧关系的影响机理分析框架，围绕农牧关系的形成和运行来解释其背后的影响机制。

本书通过研究得出：承包制时期农牧民的金融、物质和人力资本高于集体化时期；然而，自然资本和社会资本却低于集体化时期。这意味着农牧民积累了更多的金融资本和物质资本，但自然资本和社会资本却减少了，因此出现草场退化、贫富分化加剧、牧民之间的互惠合作消失的现象。

进而，基于本书所构建的"农牧关系的影响机理分析框架"，通过对农牧关系的形成机制和运行结果进行分析，解释出现上述变化的原因。得到如下结论：

（1）集体化时期农牧关系的形成是由牧民的畜牧业生产内部规则起主导作用，农民在国家外部规则指导下进行集体生产，农牧产品由集体统一分配，农牧民个体不能直接获得生产收益，降低了个体生产效率。集体自上而下统一管理和市场机制的缺失，造成农牧民之间不能形成市场交易，农牧民无法获得较高的经济收益。但放牧方式符合畜牧业生产规律，因此草场资源没有受到明显影响。

（2）承包制时期的农牧关系是政府基于对农区内部规则的确认，形成了单户经营的外部规则并推广到农牧交错带，牧民原本的畜牧业生产内部规则被取代，合群放牧、互助合作关系被破坏。在该外部规则下农牧民获得自主经营的自由，农牧民形成个体资源交易关系。自由市场机制下农牧关系的交易成本相对较低，代牧交易的达成给农牧民带来了经济收益，但资源利用的外部性使被消耗的草场价值没有在代牧价格中体现，造成生态成本很高，农牧民资源交易导致了草场大面积退化。

基于此，本书提出重建牧民草场共用、合群放牧、互助合作的生产内部规则，建立集体参与的农牧民资源交易的政策建议，对农牧交错带草原合理利用和牧区经济发展具有一定的现实意义。

# 目　录

# 第一章 绪论

## 第一节 研究背景

### 一、新疆农牧交错带概况

中国农牧交错带自东北向西南纵贯北部分布，面积达到 12.96 万平方千米（洪涛，2008），占中国国土面积的 13.5%。根据牧区所处的草原带的分布，可以将我国的农牧交错带划分为贯穿东北、华北、西北的北方农牧交错带，囊括青藏高原东缘，以及西藏的西南农牧交错带，以及新疆农牧交错带三部分。北方农牧交错带大致以 400 毫米降水等值线走向划分，北边从大兴安岭呼伦贝尔向西南方向延伸，经内蒙古东南、冀北、晋北、陕北直至鄂尔多斯，从华北与内蒙古的交界区一直延伸到西北区（赵松乔，1953；周立三，1958）。西南农牧交错带位于青藏高原东部，云贵高原和四川盆地之间的过渡地带，属于海拔高度变化的垂直农牧交错带（刘庆，

1999)。新疆农牧交错带则位于新疆吐鲁番盆地和伊犁河谷地区，沿着干旱荒漠区河、湖沿岸和山麓地带，利用局地水热资源开垦耕地发展农业，经过不断改良形成适宜农业的小气候，最终形成绿洲农牧交错带（赵哈林，2002）。

新疆伊犁河谷地带属于大陆性中温带气候，气候湿润、雨量充沛，但降水在地区上分布不均，山区大于平原。盆地内部气候干燥，但四周山峰终年积雪，高山融雪形成了多条河流，为农业生产提供了灌溉水源，在盆地边缘形成一系列绿洲。同时天山南北坡等地都有大片草场分布，支撑了畜牧业的发展。由于伊犁河的水量丰富，伊犁河谷成为新疆最湿润的地区。伊犁河从天山汗腾格里峰发源，最终汇入哈萨克斯坦的巴尔喀什湖，全长 1236 千米，流域面积 15.1 万平方千米，其中中国境内河长 442 千米，流域面积 5.6 万平方千米（张忠，2001）。伊犁河因南北两侧天山山体高大，流域内大小冰川和永久积雪分布宽广，估计净储水量达到 2300 多亿立方米（加尔肯居马肯，2014）。农牧民主要活动于河谷边缘的山区和盆地交界地带，每年农业灌溉的引水量约为 10 亿立方米（王伟成，2016），目前伊犁地区包括地表水在内的水资源承载力和丰富度能够完全满足生产需要。

伊犁河谷地区是典型的农牧交错带，年平均降水量 417.6 毫米，比新疆全区的年均降水量 147 毫米高出一倍多，且多集中在 4~8 月。这种水资源条件为伊犁地区形成灌溉农业与草场放牧交错带奠定了优良的自然基础（加尔肯，1994）。伊犁河谷地区以草地为主，其中有部分水田和旱田分布。伊犁河谷地区由低海拔半干旱农业向湿润的山地草甸与高寒草甸草地畜牧业过渡，属于垂直带立体结构的农牧交错。伊犁河谷海拔高度 1000 米以下的地段，年降水量

400～500 毫米，年积温约 3000℃（陈建华，2004），水热条件适合发展种植业，旱作农业和灌溉农业都较发达，是新疆的主要农垦区。同时，山地的中上部是湿润的山地草甸和高寒草甸草地，作为优良的天然草地，打草场面积占全疆打草场总面积的 1/2（范天文等，2009）。

虽然伊犁地区水资源量相对充足，但草原大面积退化的问题日益严重（Liu，2008）。伊犁州的天然草场面积有 1879.1 万公顷，耕地面积 174.62 公顷，林地面积 171.56 万公顷（《伊犁哈萨克自治州统计年鉴》，2016）。中华人民共和国成立以来，伊犁地区进行大规模水土开发，截至 2015 年开垦面积扩大了 2.7 倍（杜根等，2017），耕地、林地面积在不断扩大，沙漠面积也基本稳定，其生态恶化最突出的体现就是大面积的天然草原退化。据统计，除个别地区的草原因地势险峻或水源限制而不能利用，新疆地区 90% 以上的草地都呈现出不同程度的退化，截至 2009 年有 37% 以上的草场严重退化，载畜能力与 20 世纪 70 年代相比减少了 50% 左右（黄钦琳，2010）。草地退化的严重区域包括以下几方面：①春秋草场，主要分布在各大山系的山前冲击洪积扇和山前倾斜平原。春秋草场一年要被利用两次，春季是牧草生长的关键期，高强度的利用使牧草种子繁殖、自我更新和休养生息的机会很少。②中山带主要分布有草甸草原和部分山地草甸类草地，地势相对平坦，水草资源丰富，通常作为夏草场，整个夏季利用时间几乎达到半年的时间。③平原地区的草甸草地，主要分布在各大小河流及湖泊周围，作为冬草场和打草场利用。草场面积减少的原因除了开垦之外，还由于河流总水量减少，抽水量增加、地下水过度开发引起河流萎缩、湖泊干涸、地下水位下降，造成了低地草甸面积不断缩小，草的产量不断下降（黄钦琳，

2010）。据调研中村干部和牧民的反映，春秋、夏、冬不同草场的产草量比20世纪80年代牲畜折价归户、草场划分到户初期下降了30%～70%，春秋草场和夏草场的退化最为严重，产草量下降幅度超60%。且草场退化还表现为对牲畜有害的毒草越来越泛滥，优质牧草种类大量减少。

## 二、集体化和承包制的农牧民情况和农牧关系变化

伊犁地区的农牧结合生产方式有悠久的发展历史，该地区哈萨克游牧民族从事农业在16世纪就有记载，最初的方式是离开冬草场之前翻好地并播种，秋天再回来收割（洪涛，2008）。历史上记载西域地区的农业开垦是从明清时期开始的，封建王朝在西域进行屯垦戍边，为伊犁河谷地区的农业带来了很大的发展。随着人口增长和游牧民定居，对粮食的需求量增大，当地游牧民从事农业的人口数量也不断增加。中华人民共和国成立后，伊犁地区先后经历了土地集体化和家庭联产承包制时期，随着国家的稳定和经济发展，伊犁地区农牧业并存的生产方式趋于稳定，农牧民的生产和生活水平都有了稳步的提高。

新疆地区传统的游牧民族准噶尔人（蒙古族）和哈萨克人，16世纪就开始从事耕种（洪涛，2008）。在明清朝时期，外来移民在新疆开垦耕地，利用降雨和河流水资源进行农业生产，农民和游牧民族群体在资源利用上是各自独立的，没有形成生产合作。清朝时期蒙古族和哈萨克族开始从事农业后，小部分部落成员在游牧的同时进行耕种，但这时游牧民族的农业只是作为畜牧业的补充。民国到新中国成立之前，农业生产技术和设备水平进一步提升，并修建水

利设施，游牧民定居人口不断增加，农业得到进一步发展。

中华人民共和国成立后，1954～1958年伊犁地区通过互助合作和农牧业生产合作社的政策，在自愿互利的原则下组织农牧民实行统一生产经营，统一使用劳动力，牲畜分群，划区轮牧，并推广农牧结合的多种经营方式。这是集体化人民公社的雏形，但这时土地和牲畜财产仍然是私有的（洪涛，2008）。1958年，根据《关于农村建立人民公社问题的决议》，合作社全部转变为人民公社。所有土地和牲畜财产都归人民公社集体所有，实行公社（乡）、大队（村）、小队（每村2～3个）三级管理，劳动力由小队队长统一指挥，评工记分，年底统一核算分配。1个大队一般分为1～2个牧业小队和1个农业小队，牧业小队负责四季放牧，打草、修建棚圈、接羔育幼等畜牧业生产劳动，农业小队负责播种、施肥、收割等农业生产劳动。每年年初，小队队长根据劳动力的特征如性别、年龄、体力等确定每个人出工一天的工分，并负责安排队员每天的工作，例如年轻男劳动力负责放牧、转场、打草及播种、收割等，女劳动力和老人负责挤奶、接羔及粮食打捆和晾晒等。牧业与农业小队队员分别完成全年的农牧业生产活动，年终在上交国家定额的农产品和畜产品之后，由公社和大队按照每户所得工分对农牧产品进行分配，分配规则通常是"人六劳四"（或"人五劳五"），即农牧产品总量的60%按照每户的人口进行分配，40%按照每户全年所得工分进行分配。每户的年终现金收入也根据工分获得，如果家庭平均工分超过了小队的平均工分，则可以获得现金奖励，反之则需要给小队上交一定的罚款（李玉祥，1986）。根据集体化时期的国家政策，牲畜和草场归公社所有，农民和牧民群体在人民公社政策的统一安排下，分别利用草场和耕地资源，所有收获都归公社集体所有，农民和牧民要凭劳动所得的工分参与农牧产品统一分配。由于牲畜的增长速度有限，草场没有承受过大的放牧压力，草场退化情况在这一时期并不明显（见图1-1）。

| 1~2个牧业小队 | 1个农业小队 |
|---|---|
| 资源利用 • 共同利用草场 | • 共同利用农田 |
| 工作职责 • 羊、牛、马、山羊和小畜分群放牧 • 建造和清理棚圈，挤奶和打草 | • 开垦耕地 • 农业劳动 • 修建水渠 |
| 管理机制 • 小队长每天给社员安排工作任务，并根据劳动力特征决定社员工作一天可得的工分 | |
| 产品分配 • 粮食和牲畜产品在上缴完国家定额后，全村按照家庭人口和工分统一分配（人六劳四） • 年底时工分可以换取现金收入 | |
| 结果 • 削弱劳动积极性，有限的收入 | |

**图1-1 伊犁地区集体化时期的生产方式**

资料来源：根据洪涛（2008）和实地调研资料整理。

集体化的生产方式和有限的收入削弱了农牧民的生产积极性。1980年，伊犁地区公社开始实施包工、包产、包费用和奖励多产承包者的"三包一奖"实施方案（卞纪布，1984）。1984年，新疆全面推行牧业联产承包责任制，牲畜折价归户，草场无偿承包。在承包制时期，牧民获得了草场的使用权，并分配到牲畜，农民获得了耕地的使用权。草场承包到户后，牧民开始意识到承包的草原和牲畜一样是自己的财富，有效调动了牧民生产的积极性，促使牧民放牧更多的牲畜，并通过出租、代牧、联合经营等多种形式利用草场，普遍增加了牧民的生产收入，改善了牧民的生活水平。

然而，草场被承包到户，空间面积变小了，破碎化的空间易造成牲畜过度采食和践踏，也割裂了牧民的传统转场路线，对四季游牧形成了阻碍，不利于草场保护。且单户经营的生产模式破坏了牧民的传统社区合作，造成单户转场、建围栏的成本增加，促使牧民饲养更多牲畜。另外，在承包制时期，农民仅靠农作物种植难以维持生计，也逐渐以养牲畜为生，冬天利用农田产出的农作物副产品秸秆和饲草进行舍饲圈养，夏天找牧民在草场上代养牲畜或租草场自己养牲畜。随着农业税的取消，农民和牧民的负担减轻，收入进一步提高，2000 年前后羊价迅速提升，刺激了农民和牧民增加牲畜数量。牲畜的增加造成天然草场的放牧压力越来越大，天然草场退化，牧民对牲畜冬季饲草料的需求也越来越大。在 2014 年大旱之后，政府出台相关政策，鼓励农民在农田种草，并卖给牧民。但草价随着草场干旱情况和草的供给情况年际波动很大，农民在大量种草后，第二年卖草的利润又很低，导致很多农民把农田产出作为自己饲养牲畜的冬季饲草，进一步支撑农民增加自己的牲畜数量。

| | 牧户 | 农户 |
|---|---|---|
| 资源利用 | •三季草场私有化利用 | •农田私有化利用 |
| 工作职责 | •养牲畜<br>•打草，种植饲草 | •农业劳动<br>•养牲畜 |
| 管理机制 | •土地私有化利用，以家庭为单位生产<br>•削弱集体合作和村集体管理能力 | |
| 产品分配 | •除农业税外（2006年取消）所有产品和收入归家庭所有 | |
| 结果 | •提高生产积极性，减少贫困<br>•草场大面积退化，破坏社区互惠合作 | |

**图 1-2 伊犁地区承包制时期的生产方式**

资料来源：根据洪涛（2008）和实地调研资料整理。

## 三、承包制时期的草场退化问题

承包制是在计划经济转向市场经济的大背景下，为了提高生产效率，增加经济收入而在全国推行的土地承包制度。承包制的实施在中国农区普遍取得了较好的效果，提高了土地利用率，实现了资源有效配置，农民产出和收入增加，生活大幅改善，逐步解决了温饱问题，一些地区已经实现了小康。在承包制时期，伊犁农牧交错带农牧民的生活水平也在不断提高，但其脱贫速度相比全国来说还有一定的差距。2015 年伊犁州尼勒克县的人均纯收入为 11582 元[①]，而同年全中国人均纯收入是 21966 元[②]，即尼勒克县人均纯收入为全国平均水平的一半，属于国家级贫困县，并且牧民赖以生存的自然资源——天然草场出现了严重退化，阻碍农牧民收入水平进一步提高。

草场退化即草场植被衰退，主要表现为优良牧草种类减少，各类牧草质量变劣，单位面积产草量下降等。很多针对干旱半干旱牧区的研究表明，天然草场退化的原因是自然和人为因素综合作用的结果（Harris R.，2009；任继周，1998；陈佐忠，2000），而伊犁农牧交错带草场退化的原因在符合普遍研究结论的同时，也具有其自身的特点。

### 1. 自然因素

一是天然草场所处区域本身自然条件较为苛刻。在干旱半干旱

---

① 《伊犁哈萨克自治州统计年鉴》（2016）。
② 《2015 年国民经济和社会发展统计公报》。

地区，降水量的波动会导致草场产草量的不确定性、草场资源的时空异质性以及草场生态的非线性和复杂性（李艳波，2014）。有限的草场初级生产力和脆弱的土壤条件是草场退化的内生原因，而长期依赖草场生活的牧民已经逐渐形成了适应策略（Parton et al.，1995；Wilsey et al.，2002）。降水量是长期影响草场状况的因素，但没有证据表明近年来干旱半干旱地区的自然条件出现恶化趋势，如降水量明显减少，因此，这并不是伊犁地区草场在近几十年出现的大面积退化的主要原因。

二是全球气候变化导致草场干旱加剧。一系列研究表明气候变化导致近年来草原地区出现干旱趋势（Klumpp et al.，2007；Watson et al.，1996；Ren et al.，2011）。而针对伊犁河谷地区的气候变化特征分析发现，近 50 年来伊犁气温偏暖趋势明显，增温率为 0.41℃/10a，且偏暖趋势还在继续（见图 1 – 3）。伊犁降水偏多趋势比较明显，呈现阶段性。50 年代为丰水期，20 世纪 60 ~ 70 年代为枯水期，20 世纪 80 年代至今为丰水期。但水量相对不稳定，时有发生阶段性的干旱。但总体降水呈现偏多的趋势（见图 1 – 4）。气候变暖导致伊犁的极端天气气候事件频率有所增多，剧烈程度增大，气象灾害及次生灾害频率和强度都有所增大（殷建虹等，2007；李聪等，2012）。

平均气温的小幅上升在一定程度上延长了草场植被生长季，可能对草场植被生长有促进作用（Du et al.，2004；Harris，2010），草场的人工增温实验也证明了这一点（Zhang，1996）。也有研究表明气温升高会导致植被物种丰富度下降（Klein et al.，2004）。植被覆盖度的变化反过来也会影响气候变暖和干旱的进程。而平均降水量的增加趋势和温度升高导致天山融雪量增多，增加了伊犁河的地表径流量和地下水，这些又有助于增加湿度，缓解干旱气候，促进草场植被生长（Baker，2007；Pu et al.，2007）。可见伊犁河谷地区的气候变化不足以造成草场干旱加剧。

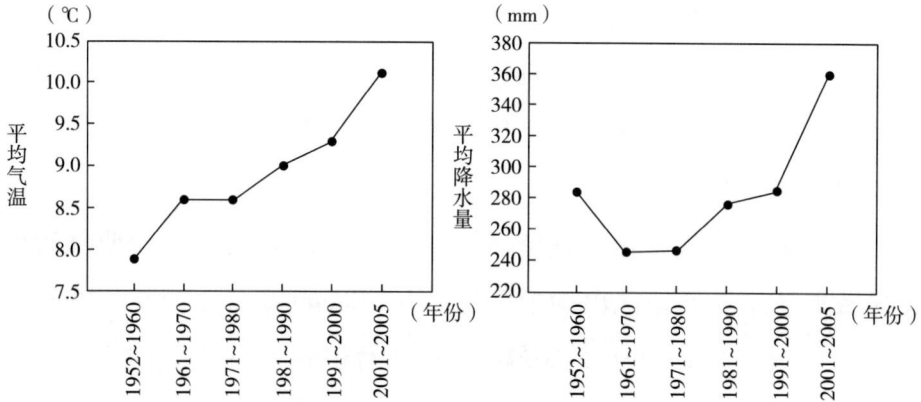

图1-3　伊犁河谷地区不同年代气温和降水量平均值

资料来源：殷建虹等（2007）。

### 2. 人为因素

一是天然草场开垦成耕地，对植被、土壤和水文系统产生复合影响。伊犁河谷地区的农田集中在伊犁河及支流沿线，海拔高度不超过1000米的平原地带。从汉朝时期开始的军事屯垦戍边，中国内地人口迁入和牧民定居工程使当地人口和粮食需求不断增加，推动越来越多的草场被开垦成农田（杨峰等，2011）。在集体化时代，特别是在政府主导的大跃进"变荒地为良田"农业扩大生产政策下，这一时期成为耕地开垦的顶峰时期，由此造成了一些土壤侵蚀和养分流失情况（赵万羽，2008；任玉平，2008）。伊犁地区仍然保留了

80%以上的高山天然草场，一直作为牧民放牧使用（新疆维吾尔自治区畜牧厅，1993），这些草场的大面积退化主要发生在承包制时期，与农田开垦并无直接联系。

二是草场承载牲畜数量过多。牲畜数量在传统上是牧民财产的象征，因此牧民可能会非理性地扩大畜群（朱进忠，2003），但也有学者认为牧民增加牲畜数量的行为类似于城市居民存款，是理性应对生产风险的行为（Morley，1998；宋波，2005）。同时，随着市场经济的发展，日益增加的生产和生活支出也促使牧民放牧更多的牲畜来维持生计。一些研究认为（宋乃平，2004；冯中朝，2011），牧民出于希望培养子女从事非牧业工作，或者认为现有草场承包合同有年限，并不能保证自己对草场的永久所有权，因此更多地追求短期经济利益，而忽略了草场可持续利用带来的长期利益。因此与卖牲畜带来的直接经济效益相比，草场退化带来的机会损失没有受到重视。虽然很多实际研究证明单位牲畜的体重增长与草场载畜量成反比（Christian et al.，1978；Conway，1987），但牧民更倾向于拥有更多数量的牲畜，单位牲畜体重减少对收益的影响并不大（刘颖，2004；叶旭君，2003）。牧民的载畜量过高，尤其是在定居点附近的春秋草场，超载率最严重，据原农业部《2016年全国草原监测报告》，新疆天然草场平均牲畜超载率为10%。

根据新疆伊犁尼勒克县畜牧局统计数据，尼勒克县的总牲畜存栏数量（羊单位）在1984年之后增速明显加快，其中牧区牲畜一直稳步增长，而农区牲畜则是在2000年左右开始进入高速增长期（见图1-4）。这与2000年前后羊价上升，畜牧业利润增加并且2006年农业税取消有关，农民负担减轻后开始大幅增加养畜数量。2015年，77%的农民主要收入来源是养牲畜，而70%的农民5～

10 年的贷款用途都是买牲畜。田野调查结果说明，承包制的实施促使农牧民的牲畜数量大幅增加，而农民的牲畜也要利用天然草场，因此草场需要同时承载牧民和农民牲畜的放牧压力，造成了大面积退化。

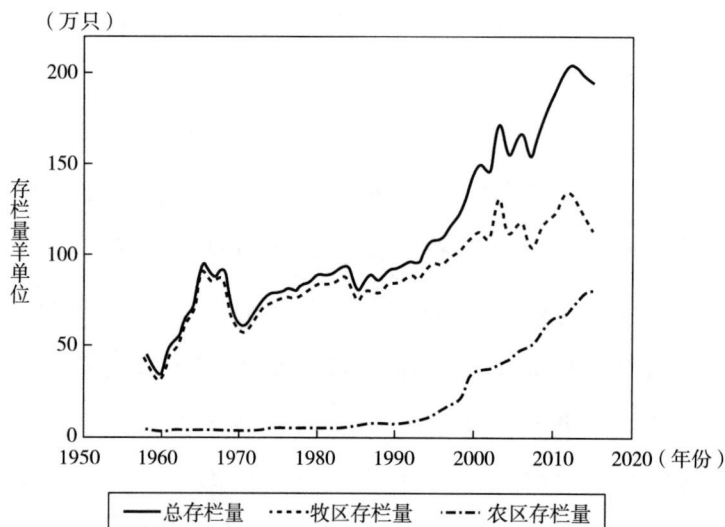

**图 1-4　集体化和承包制时期尼勒克县牲畜存栏量**

资料来源：新疆伊犁尼勒克县畜牧局统计数据。

三是草场承包利用和定居工程破坏了传统的游牧生产方式。草场产权不清晰是草原退化的制度因素，一些研究认为只要对草场确权了就可以阻止草场的退化（阿德力汗·叶斯汗，2006）。事实上，以围栏工程为主的确权主要措施并没有解决草场退化问题。一些针对中国牧区草场承包后对牧民生计和生态影响的研究表明，草场围栏和单户利用会使牲畜转场道路受阻并且成本大幅增加，牧民难以通过移动来适应草场的不确定性，只能通过购买草料补饲等方式抵抗风险和自然灾害，增加了养畜成本，因此牧民需要增加牲畜数量来维持生计（Li and Huntsinger，2011；Gongbuzeren et al.，2015）。同时，草场承包造成牲畜移动范围缩小，同一片草场被过度采食和踩踏，导致草场退化（Li，2007，2011）。草场承包制下的家庭独立生产模式还破坏了牧民之间传统的互助合作，少畜户没有能力独自去距离较远的夏草场和冬草场，只能全年留在春秋草场上，造成春秋草场退化最为严重（Li，2007，2011）①。

　　从牧民角度来说，首先，草场分到户使用后，每户草场面积过小，引发牲畜过度采食和践踏问题，草场轮牧机制也因为草场破碎化，割裂传统转场路线而受到影响，体现在离定居点最近的春秋草场退化最严重。其次，是夏草场，情况相对较好的是距离最远的冬草场。草场承包到户又造成了单个牧民家庭养牲畜的支出增加，包括牲畜转场的交通费和围栏费用等，日常生活支出也在增加，因此牧民需要养更多牲畜才能维持生计。而牲畜总头数增加的同时，牧户中也出现大量的少畜户甚至无畜户。在实际调研中，我们发现有一半的牧民家庭牲畜数量少于50只羊，原因是家庭有人生病或需要办婚礼，或发生了其他重大财政支出，迫使他们卖掉了自己的基础母畜。而基于承包制下每个家庭独立生产模式，这些无畜户家庭很难得到来自社区其他家庭的帮助，因此他们恢复畜群的速度缓慢，需要寻找其他的收入来源来维持生计。

　　从农民角度来说，养牲畜现在已经成为农民最大的现金收入来源，大幅增加的牲畜数量引发了他们对草场资源的需求，除冬季普遍用自己农田产出的饲草和秸秆圈养牲畜外，有58%的农民在春夏

---

① 本节所引用的文献研究区域分布在不同牧区，针对草场退化的共性原因进行讨论。

秋三季会请牲畜较少的牧民将自己的牲畜带到草场上放牧（本书称为代牧），还有 19% 的农民直接租用牧民的草场。2015～2016 年的代牧价格是羊 15 元/月·只，牛、马等大畜 100 元/月·只，而同时期租草场的价格约为 10 元/亩·年。由于代牧价格较低，而牲畜生病或意外死亡造成的赔偿风险相对较高，牧民一般都需要代牧300～500 只羊才能获得利润，大大超过了草场的核定载畜量。很多牧民家庭由于围栏费用过高支付不起，并且伊犁高山草场在技术上也难以进行围栏，因此草场实际上是共用的，代牧牧民所放养的牲畜除了消耗他自己的草场，也不可避免地采食并破坏了相邻其他牧民的草场，造成了牧民之间的草场利用冲突。然而，在现有行政体制下，村领导和社区权威的管理能力已经基本丧失了，无法在村层级对超载过牧的牧民家庭给予实际处罚，只能上报到县级管理部门。而县级管理部门的监管不能覆盖到每个家庭，只能在每年牲畜转场时设卡检查超载过牧的情况，不可能做到每天监督。在实地调研中，90% 以上的牧民都提出，草场上牲畜特别是代牧的牲畜过多，是造成草场退化的主要原因，并且单个牧民家庭没有有效的办法来制止代牧导致的超载过牧。

通过文献和实地调研的分析，我们发现伊犁地区草场大面积退化与承包制下形成的农牧关系密切相关。特别是在田野调查中我们发现，农民的牲畜数量在 1990 年左右出现大幅增加，而农民的牲畜通过与牧民的代牧交易在夏天获得占用草场的机会，造成天然草场承载牲畜数量过多，引发了草场退化。这一结论也从实地调研牧民的回答中得到了充分证实。

## 第二节　研究问题

从上一节的分析可以看出，伊犁农牧交错带承包制时期的草场大面积退化与自然因素关系不大，而人为因素中，草场承载牲畜数量过多和草场承包利用方式是导致退化的主要原因。另外，田野调查表明，草场承包利用的方式促使农牧民个体之间形成了代牧交易关系，农民的牲畜大量进入草场，这又是造成草场上牲畜过多的一个重要原因。

集体化时期农牧民统一生产，统一分配的经营方式使生产积极性受到限制，农牧民收入有限。国家实施草场承包制的初衷是把草场划分到户，让牧民自主经营，并通过市场手段达到资源配置和生产效率的最大化，提高农牧民的收入。这符合科斯提出的市场手段，在产权明晰的基础上利用市场机制解决资源配置问题，但为什么承包制下的农牧民资源交易没有达到草场资源的优化配置呢？本书想要以农牧关系为切入点，探究集体化和承包制时期的农牧民生计和生态产生了什么样的变化，并围绕农牧关系的形成和运行来解释其背后的影响机制。

由此，提出本书尝试解决的现实问题如下：

（1）在集体化和承包制时期的农牧关系下，农牧民生计和草场生态呈现怎样的变化？

（2）农牧关系影响生计和生态的内在机理是什么？

在本书中，农牧关系被认为是包含农牧民行动选择、互动过程和草场资源利用的重要因素。农牧关系本质上是一种社会关系，是从农牧民个体内部特征出发，在国家制度、市场经济等外部因素共同作用下形成的围绕草场资源的互动关系。因此，本书首先分析集体化和承包制下农牧民的个体内部规则和国家外部规则的互动，对农牧关系的形成和运行机制进行解释；其次从资源交易的角度探讨不同时期的农牧关系给农牧民生计和生态带来了什么结果，分析承包制时期农牧民资源交易为什么没有实现草场资源优化配置；最后提出改进农牧关系，实现草场资源可持续利用的政策建议。

因此，本研究试图回答的学术问题可以表述为：

（1）集体化和承包制下的农牧关系的形成和运行机制是什么？

（2）集体化和承包制下的农牧关系对农牧民生计和生态造成了什么结果，为什么承包制下的农牧关系造成了草场退化？

（3）如何改进农牧关系，实现草场资源优化配置？

# 第三节　研究综述

本节从人类学、社会学、制度经济学等不同学科视角对农牧关系的相关研究进行评述，阐述研究现状和进展，并分析研究的不足。

## 一、农牧关系的人类学研究

本节对世界典型农牧交错带的农牧关系研究进行综述，研究内容包括农牧民的冲突与合作的互动机制，以及外部政治、市场和气候变化等因素对农牧关系的影响等。农牧交错带一般位于干旱半干旱地区，除畜牧业生产方式外，同时发展冰雪融水、河流、地下水等水源灌溉的农业。农牧交错带一般分布于干旱半干旱地区的河流、湖泊沿岸，山麓地带与冲积扇地下水出露的地方。随着社会生产力的发展和水利条件的改善，在干旱半干旱地区的资源开发利用越来越深入，也在不断开辟新的农垦区。在中亚、西亚和北非地区，本土游牧民族历史悠久，在漫长历史进程中形成了多个农牧民族群共存并相互影响，合作与冲突的复杂关系。

### 1. 中亚地区

中亚地区地处内陆，气候干燥，不利于种植农业的发展，只能依靠天然河流和水利发展灌溉农业，又因为远离海洋缺乏贸易联通，数千年来一直是游牧民族生活的场所。中亚地区属于典型的大陆性气候，北部地区伊犁河和额尔齐斯河下游和巴尔喀什湖沿岸气候相对较为湿润，年平均降水量为300～500毫米，而西南部荒漠地带年平均降水量仅为100毫米左右（任志远，2014）。东南部地区处于锡尔河流域，其支流阿雷斯河、克列斯河、博根河都是该地区较大的河流。中亚地区的另外一条大河楚河在该州境内汇入锡尔河下游。此外，还有许多小型湖泊，多为咸水湖，其中最大的是阿克所伊肯湖。该地区冬季很短，但气候较温和；夏季炎热，日照充足，降雨不多。冬季平均气温为－12℃，夏季的平均气温为26℃～29℃，光照条件充足，年平均降水量为150毫米。因此主要的灌溉水源来自水库，如锡尔河上游的沙尔达林水库，博根河上游的博根水库，巴达姆河上的巴达姆水库等（蒲开夫，2009）。主要种植的作物为棉花和少量甜菜。

中亚地区在不同时期有很多游牧族群的出现和存在，在 14 ~ 15世纪，哈萨克、柯尔克孜、乌兹别克等游牧族群在中亚形成和发展，放牧是他们的传统生活方式，形成了浓郁的草原文化，沙皇俄国东扩后，才带来了欧洲平原的农耕文化。现在哈萨克斯坦北部在苏联时期政府的大力支持下形成了小麦种植带，并成为中亚地区的小麦出口大国，东南部地区乌兹别克斯坦境内分布着灌溉农业区，主要种植棉花。其余大部分的土地仍然以天然草场为主，保持游牧的生产方式（Kerven，2012）。农民利用有限的地下水发展灌溉农业，占据临近河岸位置的农民还可以收获河岸沼泽带生长的芦苇，秸秆和芦苇作为饲草卖给需要冬季补饲的牧民（Kerven，2016）。受草原文化影响，中亚地区的农民和城镇居民也把牲畜作为一种投资和储蓄手段，并会找牧民把自己的牲畜带到草场上放牧（Alimaev，2008）。

## 2. 西亚地区

西亚地区的地形以高原为主，草原和沙漠广布，大部分地区气候干旱，降水稀少，年平均降水量在 250 毫米以下，最高不超过 500毫米。地表径流贫乏，河流大部分发源于高原边缘山地，靠冰川融雪水补给，水量较小且季节变化显著。在干旱的环境下，这里的人们发展了畜牧业和灌溉农业，耕地集中在沿海、河谷等绿洲地带，山地、高原的草原牧场以畜牧业为主（郑君雷等，2005）。

西亚阿拉伯和犹太等民族都属于西亚地区的亚非语系闪米特语族（Shemu）中（勒内·格鲁塞，2007），西亚人适应干旱气候和沙漠环境最好的方式就是游牧，他们逐水草而居，农业是作为牧民的副业发展起来的。在阿拉伯人的传统观念中，游牧民族的血统最为高贵，只有纯血统的人才能从事牧民的工作，混血的族群从事农业、手工业及其他体力劳动（李尔只斤·吉尔格勒，2002）。20 世纪以来，独立的西亚各国产生了新的政治边界，限制了游牧民族的自由迁移，同时政府鼓励扩大农耕面积，造成草场减少，越来越多的人改变游牧的生活方式，开始定居下来。在政治的影响下，经济方式的改变和社会生活的变化使游牧民在现代社会中被逐渐边缘化。21 世纪进入石油时代后，农业和牧业已经不再是西亚人维持生计的主流方式，由石油引发的战争也给当地的农牧业造成了极大的破坏。因此，本书主要梳理西亚在 20 世纪后半叶的农牧关系相关文献。

20 世纪 50 年代，巴基斯坦北部（Barth，1956）主要有三个族群共同存在，分别是从事定居农业的巴坦人（Pathans），从事农业与转场放牧的科希斯坦人（Kohistanis）和从事游牧业的古吉拉人（Gujars）。巴坦人的主要定居地在斯瓦特峡谷和印度河南部的支流两岸的肥沃平原，主要从事犁耕农业，种植小麦、玉米和稻米，社区内部划分为土地所有者和雇佣劳动者。巴坦人为了维持农产品较高的产量，需要保持一年两熟的耕作制度，而北部山区的高海拔和低气温超出了两熟作物制的范围，无法维持巴坦人的经济和社会系统。科希斯坦人居住在北部山区，有一部分人在山区上修建了小块梯田，依靠融雪和降水灌溉，他们选择一年一熟的耕作制度，种植玉米和粟米，同时另一部分人从事转场放牧。这两个族群的文化边界与自然边界重合，各自利用不同的资源，形成一种非竞争性的共生关系。而古吉拉人在两个区域都有分布，和巴坦人和科希斯坦人并存，主要从事游牧的经济生产方式。在巴坦社区，古吉拉人作为雇佣劳动者，夏天帮助巴坦人把畜群带到草场放牧，并为村落提供肉类和奶制品，在农忙高峰期，古吉拉人有时也充当农业劳动力，这些劳动可换取冬天在农田中放牧和使用秸秆做饲草的权利。而在科希斯坦社区，北部山区的夏草场资源十分丰富，但科希斯坦人的农业是一年一熟，玉米、粟米的秸秆作为冬天的饲草总量是有限的，限制了畜群规模，因此科希斯坦人并不能完全利用夏草场，古吉拉人在夏天就可以利用夏草场剩余的空间进行放牧。古吉拉人和巴坦人、科希斯坦人都建立起了稳定可持续的、非竞争性的共生关系（Barth，1956，1998）。

与巴基斯坦相邻的伊朗南部，主要生活着巴塞里人（Basseri）。巴塞里人自古以来就是游牧部落，大约在 1860 年伊朗的雷扎沙国王推广结束游牧的运动，巴塞里人由此分成了农民和牧民两个族群，男性青壮年劳动力相对较少的家庭在村庄定居，形成农民族群，牧民族群依然以游牧为生。巴塞里人主要饲养的牲畜品种是绵羊、山羊、驴、马和骆驼，他们饲养的绵羊是只适应游牧的特殊品种，体型比普通羊大，如果没有一年两次的转场，而是长年在同一地点放牧，70%~80% 的羊就会生病死亡。在冬季和春季，牧民在南部半沙漠平原放牧。每年 4 月，牧民开始带领牲畜向北方移动，在 4 月底之前到达北部的高原。牧民根据亲缘关系每 30~40 个家庭组成一个小群体一起转场，每个小群体每年都遵循固定的转场路线。农民住在中部地区，牧民一年两次转场时路过固定的村庄，农民都会给牧民提供谷物、蔬菜和秸秆，并且在 4 月去夏草场时，农民把牲畜交给牧民，由牧民带到夏草场放牧，期间产生的奶制品和羊毛归牧民所有，秋天回来时再把牲畜还给农民，冬天舍饲圈养。此外，牧民也把自己的牲畜放在开放市场上与农民交易，获得其他的生活用品和工具。由此形成了农牧民的合作关系（Barth F.，1961）。

农牧冲突通常是由争夺稀缺的自然资源而引发的，农牧民冲突的原因可总结为两点：一是农民和牧民在资源利用上存在不平衡，游牧民是移动的，并且可以组成强大的群体，而农民被束缚在不能移动的水资源和土地资源上，这些资源需要随时关注，但又很难有效的保护。二是周期性的干旱对农民和牧民都有不利影响，但由于牧民没有直接利用水资源，而是依靠草场饲养牲畜，因此干旱对牧民的影响比对依靠灌溉的农民的影响严重。持续干旱时，牧民比农民更缺食物，而他们的武力又更强，因此牧民会去抢夺农民的农产品（Salzman，1971，1978）。制度经济学中的公共池塘资源管理视角把资源相关冲突的产生原因归结为资源本身的稀缺性，但随着研究的深入，更多学者认为应该归因于不同族群经济水平、政治倾向、社会地位等的不同造成族群对自然资源的可获取性不同（Salzman，1983），从而导致资源分配不均，引发农牧冲突。在此基础上，政府管理者和社区精英开始发挥作用，做农民族群和牧民族群的结合点和协调人，并利用其在社会政治结构中的位置维持农牧民之间稳定、持续的交换，协调农牧民的资源分配。伊朗南部的农牧民协调人通常来自游牧族群的统治者。农民定期给统治者缴纳实物税，作为主要的财富来源。游牧民族则为统治者提供武力支持，作为维持统治的工具。统治者保护农民免受游牧民族的武力抢掠，还负责调节农牧民产品分配和资源利用方面的矛盾和冲突，保护游牧民和农民都能够从中获得利益（Spooner，1968）。随着社会的发展，国家政府逐渐形成了协调农牧民资源分配的正式管理机制（Spooner，1971）。

在沙特阿拉伯萨尔哈迪地区，低海拔地区少有河流，地下水位也太深，难以修造水井，水资源缺乏。农民生活在拥有河流和高山融雪的高海拔地区，但气温又比较寒冷，农业难以大规模发展，因此农产品的产量有限，农民一般没有多余的粮食去跟牧民交换。当地游牧民需要农产品维持生计，只有不断抢劫农民才能维持自己的生活。他们组织武力不时劫掠农区获取农产品，农牧民的矛盾很难协调（Ninda Swilder，1973）。

综上所述，在干旱的西亚地区，农民和游牧民根据各自的生计需求形成互惠合作的关系，农民从事农业并提供农产品和饲草，牧民帮助农民放牧。然而，农业的自足性相当强，农民无须和牧民交换也能生存，游牧本质上却是一种非自足的经济生产模式，必须以交换或抢劫的形式换取粮食饲草等生产生活物资（Salzman，1973）。因此农牧民共生的基础并不牢靠，如果农民不能达到一定规模的农业生产，农业产品不够充足，无法和牧民进行产品交换，或者由于草场干旱引起牧民食物稀缺，两者之间就很难保持平衡，农牧冲突就会发生。在 Spooner（1971）看来，消除冲突的力量来自"社会和文化因素"，只有通过政治制度的设计才有可能一直保持共生的农牧生产关系。"中间人"即政府管理就是政治制度设计的结果，能够有效化解两大群体的冲突，特别是根据关键资源的条件来制定适宜的资源利用方式。

### 3. 北非地区

非洲的自然环境大体上可以分成与纬度相平行的带状区域，而且几乎都是南北对称的。在大陆中部赤道地区是热带雨林，热带雨林的南面和北面都是草原，北面是干旱半干旱草原（Steppe），南面是热带稀树草原（Savanna）。北部草原以北有撒哈拉大沙漠，南部草原以南是卡拉哈里沙漠，大陆的南北两端则属于海洋性气候（屠尔康，1981）。其中，北非地区属于热带大陆性气候，终年炎热干燥，年均降水量不超过 300 毫米且年际间变化很大，气温日变化率也很大。该地区河流湖泊稀少。水源紧张，最主要的水源是尼罗河下游河段。尼罗河是世界最长河流，尼罗河泛滥之后两岸留下的肥沃土壤成为农业耕作的最佳场所，因此，大规模的农业分布在有水源供给的地中海沿岸和尼罗河沿岸及河口三角洲地区，其余沙漠地带的灌溉农业也十分发达，北非灌溉农业的面积占整个非洲的 70%，主要种植小麦和棉花（李继东，1991）。北非农民与草原地带古老的游牧民部落在漫长的历史进程中形成了互惠合作的生产关系，自然资源的合理利用为非洲农牧业生产的发展提供了良好的基础条件。

北非地区主要的游牧部落是贝都因人（Bedouins），他们最早分布在阿拉伯半岛，随着公元前 632 年穆罕默德统一阿拉伯半岛及其以后哈里发政权鼓励游牧民向外扩张，贝都因人随之扩散到西亚和北非的沙漠地区。他们靠饲养骆驼为生，按季节和固定路线进行有规律的移动，在绿洲农区的周边地带度过最炎热干旱的季节，参加集市，出售畜产品，从农民手里交换粮食、手工业品等生活必需品，雨季到来时沙漠水草生长，他们再向沙漠深处进发（王猛，2005）。此后，进一步分化出生活在苏丹的巴卡拉人（Baqqara），他们主要以饲养牛群为主；生活在西非摩洛哥、马里、尼日尔等国的柏柏尔人（Berber），主要饲养牛、羊、马、骆驼等（沐涛，2011）；生活在布基纳法索和喀麦隆的主要养牛的法比人（Fulbe）等不同分支的游牧民族。总之，在上千年的历史进程中，北非延续着古老的种植农业传统和融合不同的游牧部落，在该地区形成了以农业为主的定居农民和以畜牧业为主的游牧民和半游牧民共存的生计方式。定居农民主要种植小麦、大麦、黑麦、葡萄、豆类、蔬菜和油橄榄等，游牧民主要饲养牛、羊、骆驼、驴、马和骡等，农民和牧民之间各自维持稳定、非竞争和可持续的生计。

非洲地区的农牧关系是根据当地的自然资源状况和农牧民各自的生计需求形成的。布基纳法索的布尔古省（Boulgou）居住着农民约 35 万人和牧民约 3.5 万人（Pare and Ernest，2001），95％以上的人口由主要从事牧业的法尔比人（Fulbe）和只从事农业的比萨人（Bisa）组成。从 20 世纪初，农民和牧民之间形成了完善的生产交换系统，农民把自己的牛交给牧民邻居帮忙放牧，在支付代牧费用的同时，还通过帮助牧民建房子等作为额外的报酬。牧民可以在庄稼收割之后占用农田放牧，同时从农民家购买生活所需的农产品。农民和牧民之间互惠互利，形成了和睦友善的关系（Dafinger and Pelican，2006）。有的农民在牧民代养牲畜时还建立了信托关系，即农民把牛长期寄存在牧民手里，收益按一定比例分成，这甚至成了农民隐藏自己财富的手段，农民把自己不急用的现金财产转换成牛，认为这样更稳定保值（Oksen et al.，2000）。西非地区农牧民间也有这种信托关系，形成了一种较正式的书面协议关系，并且不仅存在于亲属之间，这代表了农牧民之间互相信任（Mark Moritz，2006）。

农牧民之间也会因为资源利用冲突而不时产生纠纷，通常是由于牧民放养的牛破坏了庄稼，或者农民为了防止庄稼被破坏造成了牧民牲畜的死伤。为了调解纠纷，北非也出现了由地方统治者作为协调人的现象，冲突双方需要找地方统治者进行调停，确定损害程度，商议赔偿金额（Benjaminsen and Boubacar，2009；Turner，2004）。加纳的地区政府人员会充当管理人，协调农牧民之间分享资源的规则，在旱季让牧民到农田去放牧（Steve Tonah，2006）。随着牧民和农民人口的增加，饲养牲畜数量增多，对农作物的需求也越来越大，很多牧民认为农民把牲畜牧道也开垦成了农田，而农民认为牧民的牲畜回到农区的时间太早，农作物还没有收割，农作物遭到破坏的情况经常发生。针对这个问题,地方政府逐渐制定了一系列有效的资源分配管理制度。例如,塞内加尔地方政府的解决办法是建立牧民和农民家庭之间的私人协议,即一个农民家庭只把自己农田的使用权交给一个牧民家庭,社区中其他的牧民都不准进入这家农民的农田。区域内耕地资源的分配都由协议双方私人来确定,用这种方式来减少资源利用的参与人,谈判中双方就更能保证自己对资源的可获取性(Brett R. O'Bannon, 2006)。

与之形成对比的是,如果没有有效的资源管理制度,农牧民之间就难以形成和平共处、互惠互利的生产关系。生活在喀麦隆的牧民就没有和农民形成互惠的生产关系,牧民在 20 世纪 50 年代进入喀麦隆西部地区,当地农民对其表现出较大的敌意。只让牧民居住在高海拔的草场上,而农民集中在河谷和河岸地带。农民强调自己的农田是私有财产,当发生农田被牧民牲畜破坏的情况时反应激烈,甚至引发流血冲突。现在,喀麦隆的牧民被限定在三个大的放牧区域中,如果越界就会受到政府的惩罚(Dafinger and Pelican, 2006)。在喀麦隆北部的玛雅科布地区(Mayo Kobo)则是牧民更早进驻,后来到该地区定居的农民特普瑞人(Tupuri)为了开发河岸的耕地,把牧民建在河岸地带的游牧营地拆除了,这引起牧民的强烈不满,冲突一直持续了三年,最终国家判定农民赔偿牧民一定的补偿金,但却没有驱赶农民,在这三年期间定居在河岸地带的农民人口一直在不断增长(Mark Moritz, 2006)。科特迪瓦的象牙海岸地区也发生了类似的情况,20 世纪 70 年代,弗兰尼牧民(Fulani)因为撒哈拉大干旱而移民过来,遭到当地赛努弗农民(Senufo)的抵制,因为牧民放养的牛破坏了很多农作物。政府为了经济发展采取鼓励畜牧业发展的态度,同时出台了一些禁止牧民在农作物生长季进入农田,以及农田被破坏后的一系列补偿标准，但由于监督措施不力，最终还是引发了一些较严重的冲突后果（Bassett，1988）。同样，Sahel地区农牧民在争夺稀缺的自然资源的时候也产生了很多冲突（Turner，1999）。

当今，国家制度和治理结构对牧区的影响越来越大，表现为农业发展与城镇化导致草原"碎片化"，压缩了牧业的生产空间。国家正式制度和社区非正式制度共同影响牧业社会，从重点关注农牧关系与传统社会文化，更多地转向关注国家外部政治因素对牧区的影响，越来越关注游牧社会组织的政治运作和与其他族群的关系，尤其强调与国家政府的关系问题（Fratkin，1997）。特别是非洲长期作为殖民地，更易受到外来政治因素的影响，欧洲殖民者强行引入本国的管理体制，破坏了当地社区的资源管理制度，造成农牧民资源利用方式的转变。

还有许多研究关注全球气候变化对农牧交错带的影响，持续的干旱严重威胁到了干旱半干旱区牧民的生存（Brotem，2016）。牧业发展的机会越来越小，大多数牧业社会面临的风险正不断增加（Alvin，2009）。气候变化也会导致农牧冲突增加，因为原本农作物成熟和牲畜游牧的时间可以错开，但由于气候变化这两个时间逐渐重合，干旱的草场不足以支撑牲畜的需求，牲畜需要提前回到农区，而气候变暖导致的水热资源变化也在逐渐延长农作物种植的时间，两方面时间的重叠造成牲畜践踏农田引发农牧冲突（Charlène Cabot，2007）。

总之，资源本身的稀缺不一定引发冲突，农牧民可以在不同季节使用同一块土地，旱季让牲畜对农田踩踏和粪便还有利于提高农田的肥力，但作物生长季要严格禁止牲畜进入破坏农作物。优化资源配置的关键是协调农牧民进行谈判，制定明确的资源使用规则，并不断改进资源利用和管理方式以应对国家政治、气候变化等外部自然和社会环境的发展变化（Behnke，1993；Fairhead and Leach，2006；Mortimore，2010）。

通过对以上世界典型农牧交错带农牧关系的研究进行梳理，我们发现早期针对农牧关系的研究关注农牧交错带牧民和农民族群在社区内部传统习俗和非正式制度的影响下，如何形成互惠合作的农牧关系和解决农牧冲突；随着现代国家权力的增强，外部政治制度给社区治理带来了一系列的变革，也影响了农牧交错带的资源管理制度，针对农牧关系的研究更多偏向于正式制度安排如何影响农牧民资源利用方式，再加上全球化、市场化以及气候变化的影响，制度、经济、生态都是研究农牧关系需要考虑的因素。这些研究关注社区内部和外部制度、市场经济及生态因素对农牧关系的影响，着重描述农牧民个体之间的合作与冲突，对形成特定农牧关系的机理性解释较少。

## 二、农牧关系的社会学研究

社会关系包括亲缘、地缘、业缘等多种人际关系的类型，对社会关系的研究包括社会关系的形成、运行、解体、重构和外界干扰对社会关系的影响等多个方面。在对农区和牧区社会关系进行分析的已有研究中，议题主要集中在族群关系、社会边界、文化冲突与融合等方面（林南，2005；张碧涵，2018）。已有研究关注家庭、家族、部落和国家这些社会关系，分析哪个是社会主流，哪个是社会边缘，农村社会如何来维持一种特定的社会秩序等（王明柯，

2009)。

徐君（2013）通过描述青海省玉树社区定居牧民从游牧到定居的转换及适应过程，展示牧民在新环境中的交往需求变化以及社会关系的重构情况。发现牧民定居后逐渐建立起基于新生产生活场域的新型社会关系，这是牧民在业缘和地缘关系基础上把各种关系作为社会资本运用的结果。夏明勇（2013）分析了牧区定居牧民社会关系结构解体和重新建构的过程，通过该实践案例阐释牧民经济类社会关系的功能、重构困境和重构路径。庞欢欢（2013）分析了城镇化背景下乡村社会结构分化问题，从社会演进角度揭示宁夏地区乡村社会关系发展演变的规律，梳理其形成机制及现实问题，探寻转型中的乡村社会的适宜性发展趋势。吴蓉（2019）探讨了乡村旅游发展对乡村社会关系的影响，从社会权力、经济分利、人际互动、社会认同四个维度系统分析乡村旅游对社会关系的影响，发现社会关系经历熟人道义、利益共享到利益竞争、社会冲突两个阶段的特征转变，因此应借助合理认知与干预策略，尊重乡村社会内生力量的主体性地位，规制旅游外来从业者的权责界限，塑造情感协作、共生发展的乡村社会关系。

通过对农牧社会关系研究进行分析，发现该类研究主要关注在外在制度等因素影响下，农区和牧区原本社会关系的解体和新型社会关系的重构，在这一过程中的社会秩序的维持和变迁等。一些研究探讨牧民定居工程实施后的牧区社会关系的变化（徐君，2013；夏明勇，2013），但专门分析农牧关系形成和运行的机理性研究比较少见。并且社会关系的研究偏重对亲缘关系、社区内部人际交往、居民生计等方面的分析，关于社会关系对资源利用影响的研究比较欠缺，在牧区的相关研究中也很少有发现针对牧民社会关系与资源利用方式之间联系的专门研究。实际上，自古以来牧民对土地的概念就与农民的权属意识不同，游牧牧民使用土地的流动性大，以结群的方式来分配、争夺和保护资源。相对于农民来说，牧民的土地权属意识较弱，直到 1984 年草场承包开始，牧民逐渐有了草场私有的意识。随着人口数量增加，土地开发利用变革，牧区的草场越来越成为稀缺资源，农牧民之间围绕资源利用的社会关系也随之发生变化。

## 三、农牧关系的制度经济学研究

以农牧关系为视角讨论外部制度对农牧民生计和生态的影响，可以从制度经济学的交易成本视角进行分析。交易成本的大小决定农牧交易是否能达成，过高的交易成本会阻碍资源交易关系的形成，而降低交易成本才能实现资源优化配置。制度经济学家认为清晰的产权安排是减少交易成本，提高资源配置效率的必要条件（Barzel，1997）。很多研究以交易成本作为基本的分析工具，将制度、交易成本和资源配置效率联系起来，认为产权界定清楚就能够降低交易成本，市场可以通过价格机制来合理配置这一可交易的权利，将外部性内部化（North and Thomas，1971）。

North（1990）将交易成本定义为确立、保护和执行特定产权安排的成本。在特定的产权制度安排下，解决外部性问题所产生的交易成本越小，资源配置效率就越优化。合法权利的初始界定会对资源配置效率产生影响，其中一种产权安排的调整会比其他安排产生更多的产值（Coase，1960）。外部性的存在可以用交易成本来解释，使成本和收益外部化的一个必要条件是行动双方进行产权交易的成本超过内在化的所得，而只有交易成本低于交易收益，交易才是可行和有效率的（Furubton and Pejvik，1994）。Demsetz（1994）进一步讨论了不同制度安排和资源利用方式下的交易成本，认为在资源共用的情况下，由于边界不容易确定，谈判和监督成本非常高，因而交易效率较低，资源的外部性较大；而资源私有化利用由于资源归属界定的明确性，交易当事人在交易中受益或受损的结果都是直接对交易当事人产生影响，即交易当事人自己承担自身行为的结果，因而交易效率较高。以上分析说明，交易效率是以在解决外部性过程中成本的高低为判断标准的，资源的明确界定减少了不确定性，交易的受益效应和受损效应由交易当事人直接承担，保证了交易当事人的理性激励和有效约束。外部性一旦解决，产值将达到最大，即资源配置达到最优。

在自然资源领域，Hardin（1968）在对"公地悲剧"这一问题的研究中提出，一个"理性的"使用者会持续地对开放公共地上的资源进行使用，直到他对自身行动所预期的价值与所预期的成本相等时才会停止，这是因为每一个使用者都会忽略自身行为对他人造成的影响，个体决策的累积最终导致资源过度利用的悲剧出现。以这个思路为基础，在自然资源利用问题上，明确资源的所有者被放在了保障激励和确保经济效率的核心位置上（North et al.，2009；Robinson et al.，2017；Berkes et al.，1998；Arnold，1998），将资源私有化视为规范自然资源使用、解决自然资源退化问题的万能药方（Schlager and Ostrom，1992；Ostrom et al.，1999；Ostrom and Cox，2010；Costello and Grainger，2015）。在自然资源的归属得到明晰和稳定后，解决资源利用外部性的成本较低，市场机制便可以被引入到对自然资源的配置当中（Daly et al.，2011），通过自发交易对自然资源进行配置，实现资源配置效率的帕累托最优（Randall，1975；Tietenberg and Thomas，2005）。在实际中，交易成本的概念通常建立在交易者个人的微观层次上，所以无法有效约束交易者利用他人和社会资源时的滥用和浪费倾向。

一些案例研究试图计算资源利用关系中的交易成本，而较高的交易成本通常都出现在集体共同管理自然资源，也就是资源共用的案例中。例如，Crocker（1971）分析了农地利用中空气污染造成的交易成本，结论是受影响的农场主和污染者之间谈判的交易成本非常高。Leffler 和 Rucker（1990）分析了林地采伐合同，提出特定条款造成了何种类型的交易成本。Kuperan 等（1998）在菲律宾 San Salvador 岛渔业资源共同管理的案例研究表明，日常监督的成本占全部管理成本的50%以上，需要每天花费大量的时间来保证现有制度运行。Agarwal（2000）通过分析南印度集体所有水井在抽水活动中产生的交易成本，来分析小组资源利用合作的可行性和限制因素。他发现水井扩张的谈判成本很高，特别是在异质性较高，成员供给和需求都较高的小组。Bhim（2006）的研究表明在尼泊尔中部共有产权森林资源的集体管理中，贫困家庭比中等收入家庭和富裕家庭所付出的交易成本要高。Flaconer（2000）发现欧洲农业环境计划的运行伴随着大量的交易成本，如果这些成本在政策评估时没有被考虑，现有政策可能就达不到最优的结果。在发展中国家也是同样，如果忽略了管理成本和公平分配问题，一些社区成员可能都没有能力真正参与到自然资源的社区自主管理中（Kumm and Drake，1998）。在社区层面，集体行动的交易成本受到资源本身特点和社区成员的社会资本影响（Ostrom，1994；Baland and Platteau，1996），这些因素决定交易的结果。当资源管理从国家统一控制转变为社区自主管理时，社区管理成本升高，甚至超过了集体行动带来的收益（Hanna，1995）。社区内部每个家庭的特征不同，导致交易成本也不一样，家庭成员的社会经济地位、性别和民族等可能会阻碍他们参与决定交易成本大小的管理制度制定活动。Zak 和 Knack（2001）强调社会的同质性和异质性反映出成员相互信任的程度，影响社区资源管理制度的形成，从而影响交易成本。

## 四、现有研究不足

现有农牧关系研究大部分是针对农牧关系本身进行描述，探讨农牧民在生产中的合作与冲突，以及农牧关系在国家制度、市场经济和气候变化等因素影响下的变化。一些研究对农区和牧区的社会形态和社会关系进行机理性分析，涉及不同族群、社区与国家的互动，社会关系的解体和构建，以及外界因素对社会关系的影响。但现有研究偏重亲缘关系、社区内部人际交往、居民生计等方面，专门对农牧关系的影响这一主题进行机理阐释的研究较少。同时现有研究更多的是从社会经济层面进行分析，很少围绕不同的资源利用方式来分析社会关系的变化，在解释案例地集体化和承包制时期不同的土地制度安排下农牧关系的形成和运行机理时不够充分。

从制度经济学视角来看，以农牧关系为切入点讨论外部制度对生计和生态的影响，最后归结为农牧关系的交易成本问题。资源私有化利用能够降低交易成本，当交易成本小于交易收益时，在这种情况下资源配置应该能达到最优的结果。但在我们的实际案例中，承包制时期草场使用权划分到户，市场机制降低了交易成本，农牧民自发形成的资源交易关系已经达成，说明交易成本小于交易收益，农牧民各自获得了经济收益，但却造成了草场退化的结果。仅依据交易成本不足以解释为什么农牧民资源交易没有达到草场资源的优化配置，还需要在分析中将草场损失的生态成本考虑进去。

# 第四节　本书的研究目的、主要内容及方法

## 一、研究目的

本研究的主要研究目的有如下三方面：

（1）结合案例调研，对本书所提出的现实问题进行回答，即集体化和承包制时期的农牧关系对农牧民生计和草场生态产生了怎样的影响？

（2）在对现实问题进行回答的基础上，对集体化和承包制下农牧关系的形成机制进行分析，进而对农牧关系造成的农牧民生计和生态影响结果进行理论分析，探讨集体化和承包制下农牧关系的形成和运行过程，以及承包制下的农牧民资源交易造成草场退化的原因。

（3）讨论在现有资源利用方式下，为实现农牧交错带草场可持续利用，应当如何改进农牧关系，才能在交易中考虑草场损失，实现草场资源可持续利用。

## 二、研究内容

本书的研究内容主要为：

（1）针对本书所提出的现实问题："集体化和承包制的农牧关系对农牧交错带农牧民生计和草场生态产生了怎样的影响。农牧关系影响生计和生态的内在机理是什么。"以案例地统计数据分析和田野调查为基础，分析集体化和承包制时期农牧民生计资本变化，及农牧关系的变化对农牧民生计和草场生态的影响（第四章）。

（2）理论分析框架构建方面，一方面梳理了社会演进的基础理论和研究进展，提炼出个人、国家和内外部规则之间的复杂互动最终构成特定社会关系的理论分析框架。结合社会生态系统的研究理论，将研究的关注点从人与人的社会关系拓展到与资源利用和生态系统相关的社会关系分析，既关注农牧民之间的互动，又关注农牧关系对草场资源产生的影响，分析农牧关系的形成机制（第三章）。另一方面引入自然相关交易的理论，对集体化和承包制时期农牧关系的物质层面和社会层面特点分别进行分析，据此分析农牧关系的交易成本和生态成本，进而探讨农牧关系对生计和生态的影响，分析农牧关系的运行结果（第三章）。这两部分内容构成了"农牧关系的影响机理分析框架"，通过这个框架分析农牧关系的运行机理和运行结果。

（3）根据所建立的农牧关系的影响机理分析框架，分析集体化和承包制时期的农牧关系的形成机制和运行结果（第五章和第六章），对基于田野调查案例分析得到的现实结论进行理论层面的解释，比较集体化和承包制时期国家制度安排、农牧民资源利用方式等的不同，讨论农民和牧民在承包制时期形成的资源交易关系和草场大面积退化的结果之间的联系，最终为实现草场可持续利用和牧区经济发展给出政策建议（第七章）。

## 三、研究意义

本书的研究意义主要体现在理论和实践两个方面：

### 1. 实践意义

（1）通过关注农牧交错带农牧关系的形成和运行，从社会经济生态系统的角度探讨伊犁农牧交错带草场资源利用和农牧民生计的问题，为该地区的农牧民资源利用相关研究提供现实依据。

（2）根据对农牧关系成本的分析，提出通过改进农牧关系的方式来考虑草场损失成本，为改进草场管理制度和草场利用方式提供依据。

### 2. 理论意义

（1）本书通过分析农民和牧民的互动及受国家外部制度的影响，探究不同时期形成的农牧关系。本书的创新点在于在社会演进理论基础上借鉴社会生态系统的研究思路，在人与人之间的社会关系基础上，将社会关系与草场资源利用和草场生态建立联系，解释农牧交错带在不同时期形成的围绕草场资源利用的农牧关系形成和运行机制。

（2）本书分析农牧交错带集体化和承包制时期农牧关系的交易成本，探讨农牧关系对生计和生态的影响，解释承包制时期草场退化的内在原因。本书的创新点在于在交易成本理论基础上借鉴自然相关交易理论，分析微观层面的农牧民资源利用方式和个体行动选择，进而分析农牧关系的交易成本和生态成本，解释承包制时期的农牧关系为什么导致草场退化，以及如何通过改进农牧关系，在交易中体现草场价值。

## 四、研究方法

本书基于对现象和事实的经验性观察，通过理论研究对事实给出合理的解释（Bromley，2006）。首先，通过田野调查发现现实问题；其次，通过入户访谈等方式寻找问题出现的原因，将现实问题转化成为理论问题。对案例的解释性研究是本书采用的主要方法，解释性研究是探讨事物之间的相关关系或因果关系的研究类型，主要目标是回答"为什么"的问题。通过入户访谈数据分析得到关于集体化和承包制时期农牧关系的形成和变化情况、农牧民生计和草场生态状况的相关数据，结合不同时期的制度安排进行分析。

## 五、研究技术路线

运用社会演进理论和自然相关交易理论构建本书的理论分析框架，在文献综述和逻辑分析的基础上，提出社会生态系统视角的农牧关系形成机制分析框架，用于定性分析比较不同时期的农牧民围绕资源利用的互动和由此形成的农牧关系，进而分析不同资源利用方式下农牧关系的交易成本和生态成本，解释承包制时期的农牧关系为什么导致草场退化，并提出改进农牧关系，达到农牧民资源交易中草场损失内部化，实现农牧交错带社会生态可持续发展的政策建议。

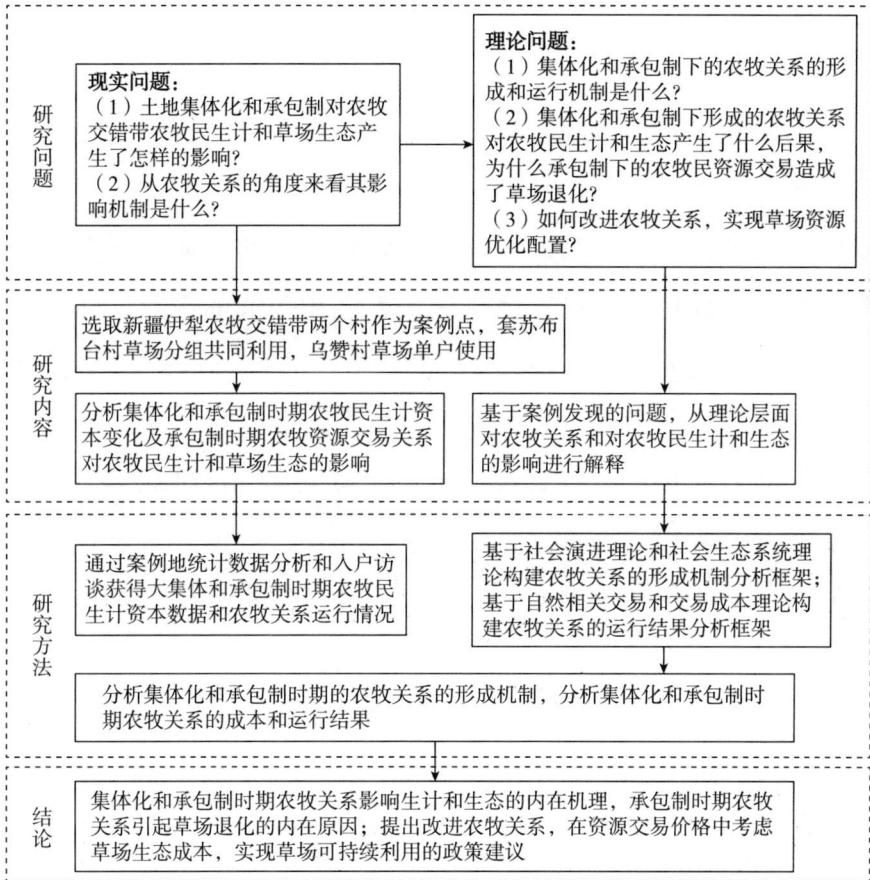

研究问题

**现实问题：**
（1）土地集体化和承包制对农牧交错带农牧民生计和草场生态产生了怎样的影响？
（2）从农牧关系的角度来看其影响机制是什么？

**理论问题：**
（1）集体化和承包制下的农牧关系的形成和运行机制是什么？
（2）集体化和承包制下形成的农牧关系对农牧民生计和生态产生了什么后果，为什么承包制下的农牧民资源交易造成了草场退化？
（3）如何改进农牧关系，实现草场资源优化配置？

研究内容

选取新疆伊犁农牧交错带两个村作为案例点，套苏布台村草场分组共同利用，乌赞村草场单户使用

分析集体化和承包制时期农牧民生计资本变化及承包制时期农牧资源交易关系对农牧民生计和草场生态的影响

基于案例发现的问题，从理论层面对农牧关系和对农牧民生计和生态的影响进行解释

研究方法

通过案例地统计数据分析和入户访谈获得大集体和承包制时期农牧民生计资本数据和农牧关系运行情况

基于社会演进理论和社会生态系统理论构建农牧关系的形成机制分析框架；基于自然相关交易和交易成本理论构建农牧关系的运行结果分析框架

分析集体化和承包制时期的农牧关系的形成机制，分析集体化和承包制时期农牧关系的成本和运行结果

结论

集体化和承包制时期农牧关系影响生计和生态的内在机理，承包制时期农牧关系引起草场退化的内在原因；提出改进农牧关系，在资源交易价格中考虑草场生态成本，实现草场可持续利用的政策建议

**图 1-5 研究的技术路线**

资料来源：根据本书研究逻辑绘制。

# 第五节　概念界定

以下对本书所用的一些概念进行界定。

农牧关系：本书中的农牧关系是农民和牧民、牧民和牧民多个群体之间的，围绕草场资源进行的互动和交易关系。

农牧关系的形成机制：本书中的农牧关系的形成机制是在社会演进视角下，农民和牧民围绕草场资源利用形成的内部规则和政府的外部规则之间冲突和协调的过程。

农牧关系的交易成本：本书中农牧关系的交易成本是指阻碍农牧民双方达成交易的行政管理成本、信息成本、谈判成本、监督成本等。

农牧关系的生态成本：本书中农牧关系的生态成本是指农牧民代牧交易达成后，农民的牲畜获得了进入草场的权利，对草场进行利用后产生的草场资源损失。过高的生态成本造成了草场退化。

# 第二章 集体化、承包制与资源利用关系研究综述

## 第一节 集体化和承包制的土地利用方式变化

本节分析了集体化和承包制两个阶段农村土地制度的演进脉络，并依据不同时期土地利用方式的不同，阐述土地制度与农牧民生产的关系。

### 一、集体化时期

在中华人民共和国成立后，国家通过土地改革彻底废除了地主阶级封建剥削的土地所有制，实行农民的土地所有制，并引导农民走合作化的道路。一开始是初级社，在土地归农民所有的前提下，以土地、农具等生产资料入股，集体劳动、民主管理、按劳分配和按股分红相结合。随后逐渐发展成高级社，农民除保留自留地之外，土地及其他所有资产都变成了集体化。1958 年 8 月，中央在北戴河

召开政治局扩大会议，发出了《中共中央关于在农村建立人民公社问题的决议》。这个决议的正式实施，标志着全中国正式推行和普遍实施人民公社化运动。到1958年底，全国74万个农业合作社合并为2.6万个人民公社，全国90%以上的农户参加了公社。在短短的几个月内，实现了全国范围的人民公社化（周其仁，2004）。

人民公社化运动的兴起，标志着"一大二公"（规模化，公有化程度高）、"一平二调"（平均主义，无偿调拨）为特征的集体化农村土地制度正式开始实行。农村土地归人民公社集体所有，并提出快则三四年，慢则五六年可实现向全民所有制的过渡。然而，人民公社制度缺乏对个体劳动的激励，吃"大锅饭"使得效率低下。1959～1961年，人民公社制度的失败已经显现出来。粮食产量一路下降，1960年的粮食产量已经跌落到和1951年差不多的水平（周其仁，2004）。党中央接着提出了"三级所有，队为基础"的口号，对人民公社进行整顿和重新建设。"三级所有，队为基础"的土地制度把原来的土地所有权、使用权和产品分配权由公社一级下放给了生产队一级，生产队比人民公社更了解实际情况，能制定符合本生产队的劳动和分配方案，克服了人民公社初期"一大二公""一平二调"的问题，在一定程度上实现了土地所有权与使用权的分离，调动了各生产队的积极性。但是，生产收益的分配权虽然由公社一级下放到了生产队，但分配中的平均主义还是普遍存在的。在保证完成国家规定的农产品征购任务的前提下，生产小队的成员以劳动所得的工分为依据，在全队范围内分配产品和现金。这种分配方式看似按劳分配，实际上因为每个人只要出工就能得到工分，忽略了实际劳动效果，因此抹杀了劳动者之间在体力和智力、劳动数量和劳动质量之间的差异，本质上仍然是"一大二公"。

在农牧交错带，一开始也采取牲畜和草场入股，集体共同放牧和互惠合作的生产方式。1954年，伊犁农牧交错带在合群放牧的部落传统互助基础上，进行生产资料的合作和劳动互助，建起了牧业互助组。统一经营，牲畜入社，主要生产工具统一使用，并推行草场的共同使用，牲畜和农业产品按劳分配（李晓霞，2002）。随着"农业学大寨"运动的发展和牧区争取粮食自给自足，牧区农业生产被进一步扩大。牧民四季游牧，靠天养畜，常年四处奔波、艰辛劳作，始终不能掌握发展生产的主动权。随着牲畜数量的增加，生产虽然不断发展，但牧业在大农业中的比重却在逐年减轻。国家政策鼓励全党全民大办农业，牧区人民公社开始建设定居点，发展农业，开荒种粮。大面积牧区草原被盲目开垦，局部草场遭到了破坏（伊拉古，2006）。

在农业集体化时期，土地资源属于集体所有，农民个体既没有土地的经营权，也没有土地的所有权，一个生产队内部的社员对土地享有平等的财产权利。农民认为土地是"大家的"，是"集体的"，或者说是"生产队的"。集体的土地是大家的土地，大家的土地就不是我自己的土地，这是农民群体的普遍思想（曹锦清，1995）。

## 二、承包制时期

"三级所有，队为基础"的土地制度阻碍了生产力的发展。1978年冬，安徽省凤阳县小岗村农民首先开始了"包产到户"的尝试，由此中国开始了又一次重要的土地制度变革，即将纯粹的土地集体所有制变成为土地集体所有、农民家庭承包经营的所有权和经营权相分离的土地制度。

家庭联产承包责任制是指将集体所有的土地通过契约的形式承包给农民家庭自主经营（王景新，2001）。经营体制不再是人民公社统一经营、集中劳动的制度模式，转变为以家庭联产承包为基础、统分结合。1982年和1983年的"中央一号文件"指出，要从两方面对人民公社体制进行改革，实行生产责任制，特别是联产承包制；实行政社分离（乔凤山，1981）。由此，统一经营、集中劳动的人民公社制度在中国存在20多年后，终于被家庭联产承包责任制取代，并且承包制在全国迅速推广。以家庭联产承包经营为基础的农村土地制度还是保留了农村土地的集体所有，但对土地利用和经营方式上进行了重大变革，人民公社时期农户的产品利益分配由国家集体统一决定，现在调整成了家庭自主经营。在保留土地集体所有的前提下，实现了土地使用权与所有权的分离，并确认了家庭经营的主体地位，农户成了一个独立的经营主体，经营方式由家庭自主决定，产品收益也都归家庭所有。

20世纪80年代开始，中国草原利用制度进入草原承包经营责任制时期，先后经历了先承包畜群后承包草地的变迁过程。伊犁地区从1981年开始实行大包干责任制，分畜到户，畜产品归家庭所有。但草场仍归集体统一管理。1984年开始，广大牧区开始推行牲畜折价归户，草场分片包干的"双包责任制"，并迅速扩大范围。1985年前后牲畜作价归户、草场分批分地区地实行了承包到户的改革，落实责任制。牧民承包的牲畜、棚圈、房屋随草场作价归户、实行牲畜家庭经营、私有私养政策。草原承包期限为50年，草场集体所有制不变，牧民对承包经营的草场拥有使用权及管理、保护、建设的权力，1989年统一向牧民发放了"草原使用证"（李晓霞，2002）。

自此之后，牧民的生产积极性提高，农牧交错带的牲畜数量迅速增加。

家庭联产承包责任制的实施，使土地的所有权和经营权重新分离，草场和农田仍然为集体所有，但农牧民获得了相对完整的土地经营使用权，家庭代替了计划经济时代的生产队成了农业生产和经营的决策主体。然而 1984 年以来，在新疆地区，随着牧区社会、经济结构的改变，游牧民部落社会的功能在某些方面得到了强化，特别是在组织游牧活动和亲戚之间的互助方面更是如此（崔延虎，2002）。另一个大的变化就是牧民定居工程的大规模推行。

# 第二节　不同类型的资源利用关系

本书的关注点是集体化和承包制下的农牧关系，进而分析农牧关系给农牧民生计和草场生态造成的影响。农牧关系是农民和牧民、牧民和牧民多个群体之间的围绕草场资源利用形成的互动关系。因此，本节对不同资源利用方式下形成的社会互动关系进行了综述。

## 一、资源国家统一管理

水资源、森林资源、矿产资源等自然资源在很多国家是国家所有的，由国家政府决定资源分配的方式，这有利于稀缺性自然资源的统一管理和保护（Benham，2000；Davies and Richards，1999）。对于土地资源，尤其是耕地，作为一种最重要的生存资源具有其特殊性，因此在国家所有基础上，通常由国家固定安排给个人或使用单位，并对开发和使用规则有明确的界定。

国家统一安排下的资源利用和交易关系一般会由于政府的不完全信息造成监管不力，缺乏有效的约束机制从而造成"寻租"行为，以及较大的管理成本等方面的问题，造成资源不能获得最优配置，无法达到收益最大化（Furubotn，1998；Arrow，1999；李颖，1997）。很多研究都在探讨国家统一管理和分配自然资源的有效方式（陈卫杰，2008；王克强，2004；高虹，2006；纪玉山，2012），对于草场资源的分配方式，比较常见的是固定面积的草场资源分配，如中国的草场承包制，也有一些国家采取放牧牲畜数量分配和控制的方式，在控制载畜总量的基础上，农牧民形成资源交易关系，也能够达到资源优化配置的效果。

吉尔吉斯斯坦草场的放牧配额管理就是国家统一分配草场资源的一种管理方式，牧民通过租赁放牧权的方式使用国有草场，而农民和城镇居民再通过找牧民代牧来使自己的牲畜获得草场使用权。在吉尔吉斯斯坦干旱半干旱地区，草场资源归国家所有，国家和牧民个人之间的资源交易以出租放牧权的形式进行，达到控制草场上的牲畜数量的目的。该地区与中国具有类似的土地制度变化过程，1991年苏联解体后，吉尔吉斯斯坦的土地从集体所有向私有化转变。新成立的独立政府从国际金融组织和世界银行得到了大量支持来推行私有化（Pomfret，2004）。在自然资源方面，耕地和牲畜明确划分给私人所有，但森林、草场和水源等具有公共池塘属性的关键资源还是保留了国有产权。1995年，政府和私人农场签订了99年的承包合同，将耕地使用权移交给私人农场。1999年颁布的吉尔吉斯斯坦土地法又规定，允许私人农场的耕地进行流转和买卖。另一方面，在土地法中，草场所有权一直归国家所有，但牧民个人可以与代表政府的草场协会签订 5～10 年的租赁合同，获得放牧权，支付价格由放牧的牲畜数量决定，牧民在合同里也要写明大致的放牧区域和转场路线（Farrington，2005）。从 2010 年开始，考虑到草场本身的不确定性和牧民的需求变化，长期合同逐渐被取消，现在放牧权合同需要每年签署（Andrei，2015）。

　　牧民租赁放牧权之后会与农民进行资源交易，帮农民代养牲畜。随着城镇农产品和牲畜市场的发展，养牲畜成为一种投资手段（Lindberg，2007；Rohner，2007）。拥有大量牲畜的牧民富裕户一般在冬草场有棚圈，家里雇私人牧工进行放牧和转场。大部分牧民、农民甚至城镇居民都会拥有中等或小规模的畜群，一年四季都交给职业牧工来放牧，或者农民可以选择冬季把牲畜在自家舍饲圈养，其他三季交给职业牧工带到草场放牧。职业牧工是指一些没有存栏牲畜或牲畜很少的年轻牧民选择利用公共草场，购买政府所有的草场放牧权，然后通过市场交易，帮助若干户拥有牲畜而又没有能力自己放牧的家庭把牲畜带到草场上放牧（Ulan，2015）。在这个交易中，农民等牲畜所有者占据主导权，职业牧工的放牧经验、转场策略等都是他们选择交易对象的依据，他们也会根据自己的卖牲畜计划要求牧工制定适合的放牧方案，而牧工根据自己的草场放牧权租赁成本以及其他牲畜所有者雇主的需求，形成交易双方都同意的放牧和转场协议。牧民在购买草场放牧权的时候政府就在合同中规定了载畜量，但签订合同后，政府并不能做到完全有效的监督。特别是职业牧工为了获得更多的收益，通常会带超过载畜量的牲畜到草场放牧，并且选择到城镇和牲畜市场附近草场放牧的人会更多，造成了局部草场超载过牧和草场退化的现象，而距离较远的冬草场退化情况并不明显（Ulan，2017）。

## 二、资源集体共用

在社区共有自然资源管理的情境下，资源使用者的互动关系发生在与资源制度设计、组织和执行相关的谈判和监督活动中（Mburu et al.，2003）。很多发展中国家的制度改革将自然资源管理从中央政府统一控制转变为基于社区的集体管理，希望能够达到更好的管理效果，自然资源条件也有所改善，然而集体管理模式难以对成本和收益进行公平分配的问题也被许多学者所诟病（Hobley and Wollenberg，1996；Richards et al.，1999；Malla，2000；Adhikari et al.，2004）。关于分析公共池塘资源（CPRs）社区管理的制度安排的文献有很多（Wade，1988；Bromley and Cernea，1989；Ostrom，1990；Oakerson，1992；Tang，1992；Bardhan，1993；Nugent，1993；Uphoff，1993；Agrawal，2001），但以上研究在提及社区共同管理和利用资源过程中参与者的内部互动关系时，却较少进行详细分析。

共有产权模式下所管理的自然资源具备的两个主要特质，即非排他性（Difficulty in Exclusion）和减损性（Subtractability）：①企图通过物理或者制度手段来驱逐受益者是要付出巨大成本的（非排他性）；②某个使用者对于资源的利用会减少其他使用者对于资源的可获得性（减损性）（Ostrom et al.，1994，1999）。正是由于这两方面特质的存在，导致在资源共用模式下，共同体内每一成员都有权平均分享共同体对自然资源所具有的权利，如果某一个体使用自然资源，那么该个体在最大化地追求个人价值时，所产生的成本就有可能需要由共同体中的其他成员来承担一部分。同时，在共有产权下，某一个体资源所有者很难排斥其他资源所有者分享其努力的成果，即便该个体能够达到所谓的排他性，其可能要付出非常高昂的排他成本，由此形成共同使用该资源的个体之间的相互联系。在共有产权制度下，短期行为也非常容易产生，这是由于权利人对预期收益缺乏信心，继而导致不同权利人往往不会对未来收益和成本进行充分考虑，因此可能不会选择预期价值最大化的资源使用方式（Macintyre and Foale，2007；Hughes，2003，2004；Ostrom et al.，1994；张五常，2000）。

交易成本经济学家在描述自然资源共用的管理方式时提出它有四个属性：不确定性、资产专用性、交易频率和交易性质（以生产为目的或以保护为目的进行的交易）（Williamson，1991；Fenoaltea，1984；Birner and Wittmer，2000）。Hanna（1995）指出不同主体在共同利用自然资源时会在以下四个环节产生成本，分别是：对资源情况的确定、设计使用规则、对规则达成共识和执行规则。资源集体共用的方式通常会因为资源本身高度的不确定性及资源的专用性（减损性）而造成资源利用关系的交易成本过高（Birner and Wittmer，2000）。另外，生产型的资源使用者关注资源产出，保护型的资源使用者关注资源保护，不同的关注目标也会形成不同的资源利用关系，导致不同的交易成本（Fenoaltea，1984）。

## 三、资源私有化利用

制度经济学家认为，建立在产权明晰基础上的制度才能是有效的，只有在资源产权明晰的前提下，市场机制才能发挥作用，个体之间形成自发的资源交易。在易于被经济人"搭便车"的公共领域，例如自然资源的交易，存在资源损失被逃脱的可能，成本和收益会发生脱节，于是在总产出一定时，一方面个人利益不断增加，另一方面社会成本会被成倍地扩大（刘伟，2000；蒋京议，2007）。自然资源在实际利用时产生外部性，单纯依靠市场机制确定产品价格只能反映边际私人成本，而不能反映边际社会成本。经济人对利益追求的天然性，使他们总在寻求成本外部化及使资源价值转为个人利益的可能。以个人利益作为出发点和归宿必然会造成资源利用的无序和混乱的现象（桑玉成，2002）。

因此，根据科斯的解决方案，市场经济需要确保资源产权明晰私有化，来达到社会成本内部化，使交易者从社会角度来考虑资源利用的合理性及效率状况的目的。同时，国家要做出相应的引导和扶持，在个体层面上建立成本和收益合理的资源交易关系，紧密结合个体实际情况来判断和约束其对社会层面的结果和影响，使市场交易产生与社会期望相一致的效果（陈维，2004）。从理论上来说，当资源私有使用时，资源的产权清晰，经济人浪费资源和逃脱成本的概率就越小。

在资源私有利用方式下，草场资源交易关系被认为是一种提高农牧民收入，实现资源高效配置的手段。中国从集体化到承包制时期，农村土地从集体共同利用变成了承包到户利用。国家推行草场承包制的初衷是明晰草场使用权，使牧民家庭对草、畜两方面具有经营自主权和收益权，调动牧户畜牧生产和保护草场的积极性，提高牧民收入水平和避免出现"公地悲剧"问题。但伊犁农牧交错带没有围栏的草场，其承包到户往往只体现在草场本上，在草场实际使用的时候排他性非常低，"搭便车"的问题仍未得到解决（吾斯曼，2016；刘鑫渝，2011）。另外，即使草场通过围栏等方式达到私有化利用，如在内蒙古地区的牧民普遍通过围栏保证草场单户使用，也有很多学者的研究证明草场私有利用方式打破了草场资源的整体性，草场家庭承包与牲畜移动需求和传统游牧生产方式之间出现了矛盾，且承包制使原来存在于牧民社会中保护环境的社会规范和集体行动不再发挥作用，造成天然草场大面积退化（李文军，2009；王晓毅，2009）。

## 四、资源混合利用

实际上，共有资源在管理和利用时会出现所有权归集体所有，使用权和开发权分配给个人的一种主体以多样化的资源利用形式。Demsetz（1990）提到有些时候会出现资源的国家所有权或私人所有权概念的模棱两可性，这种情况会发生主要是因为与一种资源有关的产权束本身具有可分性。程保平和苏宁（2002）指出，现实经济运行中资源的利用形式既不是完全私有化利用，也不是完全由国家统一分配，而是它们之间构成的有机整体，即会产生一种混合的资源利用方式。

公共池塘资源的混合利用方式主要来源于共有产权和私有产权在某一资源系统和单位中并存，公共池塘资源的非排他性和资源系统的不可分性表现为共有产权，资源利用的竞争性和资源单位的可分性表现为私有产权（Agrawal，2008）。在公共池塘资源系统中，各个资源利用主体为实现自身利益同向性的指向资源系统，当资源本身的储藏量充足时，各个主体之间的竞争较小，各自的利益才能实现（雷玉琼，2009）。

在自然资源利用中，如果归属上的共有性和使用及流转的私益性并存，这种混合的资源利用方式既符合资源本身的特性，又可以减少交易成本，指导资源的有效配置和利用。例如浙江义乌和东阳地方政府之间的水权交易，法律规定国家政府是水资源的所有人，这种水权交易在传统观点看来相当于"自我交易"，是无法实现的。但在混合利用视角下地方政府作为水资源所有权的代理机构，也可以通过契约交易有关资源权利，如占有权、使用权等，以实现资源的优化配置（樊勇明，2003）。再如地方政府将稀缺的水电资源开发权转让给私人投资者后，大大加快了水电资源的开发速度，而私人投资的水电站在防汛期的时候又将调度权出让给地方政府，这样政府和私人投资者取得了共赢的局面，资源得到了最充分的利用（叶舟，2006）。上述案例都是在宏观层面下的交易，说明政府之间或政府与私人之间以混合的视角看待国有自然资源，将某些自然资源的使用权利交给企业，引入混合投资模式对资源进行开发利用可能更加有效。

# 第三节　本章小结

本章对集体化和承包制两个阶段的土地利用方式的演进脉络进行综述。集体化时期土地属于集体所有，农民个体既没有土地的经营权，也没有土地的所有权，一个生产队内部的社员共用草场和农田资源，共同生产，产品统一分配。承包制时期土地的所有权和经营权分离，草场和农田仍然为集体所有，但农牧民获得了土地经营使用权，家庭自主选择经营方式。

进而，为了给本书讨论集体化和承包制下的农牧关系进行铺垫，本章对不同类型的资源利用关系进行了探讨。在国家统一分配资源方式下，国家致力于构建合适的资源管理方式，维持资源利用者之间平衡的互动关系，实现资源优化配置，如放牧配额管理等，但也会因为信息不对称、监管不力和行政管理成本过高而达不到好的效果。在集体管理方式下，资源非排他使用造成外部性很高，这种资源利用关系通常会造成较高的交易成本，影响资源利用关系的整体收益。在私有利用方式下，资源产权的明晰可以降低交易成本，使资源交易关系的社会成本内部化，解决外部性问题，达到资源交易双方获利和资源优化配置。在混合利用方式下，资源的合理分配，例如资源国家所有和开发权承包给私人的分配方式，可以达成优化的资源配置，但相关研究并没有针对个体之间的资源利用关系进行探讨。实际案例地的草场难以排他使用，但又是家庭独立经营方式，既不是集体管理也不是完全的私有化，而是一种混合的资源利用关系。

本书关注微观层面的农牧民草场资源利用关系。集体化下，草场资源属于完全的集体共有，而在承包制下，草场的所有权归集体所有，承包权、使用权划分到户，归个体所有。在两种不同的资源利用方式下，分别形成了怎样的农牧关系，进一步探讨不同时期农牧关系的形成机制和运行结果，解释承包制的农牧关系造成草场退化的原因，并讨论怎样改进农牧关系，达到资源优化配置，这是本书需要探讨的问题。

# 第三章　农牧关系的影响机理
# 分析框架构建

　　农牧关系旨在强调农牧民围绕草场资源利用的行为选择和互动过程。在集体化和承包制的土地制度下，草场资源利用方式不同，农牧民的行为选择和经营方式也是不同的，集体化和承包制下农牧民的个体内部规则和国家外部规则产生了互动，由此形成了不同的农牧关系。在现阶段，农牧关系的含义是农业效益低下，导致农民通过代牧方式，参与牧业生产劳动，形成了农牧民个体资源交易关系。在农牧民的互动过程中，又由于交易成本和生态成本的存在，而对农牧民生计和草场生态产生了不同的结果。本章构建了农牧关系的影响机理分析框架，包括农牧关系的形成机制分析和运行结果分析两部分，试图解释集体化和承包制下农牧关系对农牧民生计和生态造成影响的内在机理。

## 第一节　农牧关系的形成机制分析

　　就中国而言，国家制度对农牧关系形成的作用显得尤为重要。

因此，本节首先对社会演进的理论基础和研究进展进行了梳理，其次从社会生态系统的视角对社会演进理论的适用领域进行扩展，探索了利用社会演进理论分析农牧民围绕资源利用的社会关系时的可行性和解释力，在此基础上构建了农牧关系的形成机制分析框架，通过国家外部规则与群体内部规则结合的角度，分析集体化和承包制时期农牧关系的形成和演进过程。

## 一、社会演进基础理论

哈耶克提出了社会演进理论（Hayek，1973，1988，1997，2000）。社会关系是社会成员相互作用的一种状态，这种状态依靠某种规则来形成和延续。规则本身就是一种共同知识，这一共同知识在社会成员中推广，并通过学习和遵守共同知识来弥补个体理性的不足，从而尽可能减少决策的失误。分散的个体来完成社会经济活动，在有限理性的约束及知识分散化的环境条件下，由于个体本身的异质性和知识储备的不同，导致发现获利机会和获取利益的结果不同，其中有一些人在这一过程中获得了成功，其他人效仿，该策略逐渐成为主导策略，由此演化出一些一般性的个体之间互相认同的规则，作为群体共同的知识被大家普遍应用，以节约后续个体自主创新的成本，这是"内部规则"，是人们在不断的社会文化交往中自发产生的。个体也可以形成组织，在这里我们可以把它理解为国家。当自发秩序不能完全消除环境的不确定性时，并同时考虑到行为的不确定性，就需要国家发挥作用来弥补。国家通过命令—服从方式贯彻某种特定目的，这就是"外部规则"，是强制他人服从的。

个人、国家和内外部规则之间的复杂互动关系构成了特定的社会关系，在内外部规则共同作用下社会关系不断变化，这个变化过程就是社会演进。在社会关系的演进过程中，个人与规则之间发生互动关系，当外部环境发生变化时，一部分人采取了新的行动策略加以应对，随着新策略的推广，越来越多的人开始模仿和改进，使其更适应新的环境，最终上升为一般规则。这个过程被理解为个人对现有一般规则的创新活动，如果制度创新获得成功，具有适应性效率的新制度就会生存下来（North，1994），并经过其他人的模仿加以传播，最后上升为一般性的内部规则。

哈耶克（2000）把国家视为外部规则，外部规则服务于特定的人或统治者，是运作一个组织所必要的工具，它们支配着组织内部的个人行动。外部规则是强制性和命令性地把特定的要求、职能、目标赋予组织中特定的个人，这些人代表外部规则，可以支配组织内部成员的个体行动。外部规则的实施是直接决定了个人自己的行动，而内部规则只是建议性地规定了当事人的一些行为准则，并不决定每个人的行动。外部规则作为正式制度，代表了国家组织或统治者的特定目的，而内部规则是自发的，并且普遍存在的。外部规则的出现是用来弥补社会成员与内部规则互动过程中可能出现的一系列失误。在大多数场合，为了确使那些规则得到遵守，我们称为国家政府的那种组织是不可或缺的（Hayek，2000）。国家的强制力量即外部规则不应该去制定和决定整个社会共同体的统一的目标，并强制个体去集中力量实现这一目标，而是应该把自己的功能限制在提供公共安全和保障产权与公正的实施上。哈耶克认为，集体主义的错误在于把规则统治和目标统治两种不同的秩序混为一谈，因此为了全体社会成员的共同福利，需要用抽象的规则代替共同的具体目标，把国家政府限制在实施这些抽象规则，以此确保内部规则发挥主导作用，保护个人自由领域不受他人的强制或侵犯。

根据哈耶克的内部规则与外部规则的二元观，周业安（2000）提出了解释中国制度变迁的演进模型（见图3－1）。个体之间的互动逐步演化出一种特定的内部规则，并随着市场化迅速扩散；个体与国家之间的互动导致外部规则的演化，在这一过程中产生的冲突和协调构成制度变迁的主线。社会秩序的演进一方面个人在遵守内部规则的前提下行动，通过人与人、人与规则的互动形成自主的合作扩展秩序；另一方面，国家为了全社会的整体利益，通过政治和行政手段实施外部规则，形成一种围绕外部规则的外生秩序。但是，国家的强制力有时会导致外部规则的越界。由于统治者追求自身利益最大化，并受到代理问题、度量成本问题，以及强权界定产权等的约束，国家的强制力常常降低经济效率（North，1984；Umbeck，1981）。虽然内部规则更有利于本土知识的有效利用，但国家占有更多的资源，对特定情况的认识可能更全面和准确，即使国家的行动本身是低效率的，而它形成的相关知识可以节约其他个体的创新成本。随着社会的发展，国家也可以从内部规则中吸收有用的知识，来改造落后的外部规则，从而提高外部规则的运行效率，提升社会整体效益。内部规则与外部规则在一定条件下也会出现竞争，这种良性的竞争机制会进一步加速制度的演化。

在不同的外部环境下，内部规则和外部规则有时相互融合和促进，有时相互冲突和制约，整个社会的发展就是在两者之间的冲突与协调中逐步演进的。国家可能会利用其强制力把本来没包括在内部规则下的其他个体行动统一到自身的外部规则之下，以求更好地获取总体利益，但有时会造成其他个体行动的低效率；个体行动低效率引发的经济和社会问题又会对国家外部规则施加压力，促使外部规则改进即制度创新，这就是内部规则和外部规则冲突与协调的社会演进过程。

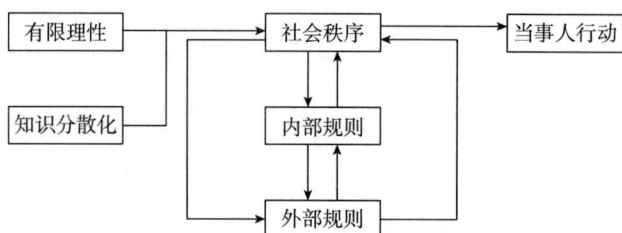

**图 3 - 1   制度演进的一个初步分析框架**

资料来源：周业安（2000）。

借鉴社会演进和社会秩序相关理论来分析中国农区的社会秩序，集体化时期外部规则的作用特别突出，集体化的制度安排充分体现了政府对旧的规则的调整，这个外部规则几乎覆盖了所有的社会经济生活领域（胡汝银，1992）。中央政府担任制度供给者（杨瑞龙，1993，1998；张宇燕和何帆，1997），新中国的中央政府相对于其他利益团体在政治力量及资源配置权力上表现出前所未有的绝对优势，并且政府亟须通过制度创新来实现农村发展和经济增长，实现国家发展的经济和政治目标（杨瑞龙，1993）。到了承包制时期，实际上是内部规则起主导作用，政府主要是制定外部规则对民间自发的内部规则进行确认。周其仁（1994）在全面剖析中国农村经济体制的变迁过程时指出，农村集体经济的低效率极大地打击了农民的生产积极性，以及政府自身巨大的财政压力，迫使政府作出局部退让，对农民的家庭经营模式进行了默认，并且最终家庭联产承包责任制的制度推广到全国范围的农村地区。因此，农村制度变革实质上是农民内部规则与国家外部规则的一个长期博弈过程，国家的集体化外部规则逐步退出历史舞台，农民自主选择生计方式的权利是农民自己争取来的，政府进一步对自发的民间改革进行了确认（杨小凯，1998）。

一些针对牧区的社会演进研究也承认耕地承包具有农民的自发性，但当土地承包移植到牧区，实施草原家庭承包，却完全是社会设计者的意识形态（刘鑫渝，2011）。现有的草原承包制度框架是没有牧民主体参与的，它忽视地方性知识、忽视牧民生存逻辑和生存智慧。在草原承包制度下的牧民定居政策措施中，牧民处于被动调整的状态，牧民生活没有得到明显改善（何艺，2011）。这类研究关注牧区社会秩序中牧民个体内部规则和国家外部规则的互动，及其对牧民生活的影响。事实上，在牧区和农牧交错带，内外部规则是围绕草场资源利用而形成的，内外部规则之间的互动产生的结果会直接影响农牧民生计和草场资源状况。

## 二、资源利用关系的形成机制研究

为了讨论内外部规则的互动和草场资源利用的联系，不仅要对农牧关系的社会层面进行分析，而且要分析农牧关系的物质层面，也就是农牧民围绕资源利用的个体行动和互动关系，及对草场生态系统的影响。因此，本书在现有的社会演进分析框架中融入社会生态系统的视角，对农牧关系的社会层面和物质层面结合起来加以分析，探讨农牧民围绕草场资源利用形成的社会关系的形成机制。

社会生态系统（Social – Ecological Systems，SES）是一个由社会和生态系统嵌套组成的、具有等级结构和复杂相互作用和反馈关系的系统，并且可以为人类社会提供诸如食物、能量、水等物质及生态系统服务（Ostrom，2009）。资源管理问题的关键在于理解社会和生态系统中的复杂联系和互动关系，以 Ostrom 为代表的 CPRs 学派，提出了一个嵌套的社会生态系统分析框架（Social – Ecological Systems Framework，SESF），用于解释与分析自然资源管理过程中的制度安排和系统动态（Ostrom，1990）。该分析框架试图将社会系统与生态系统作为一个整体来分析，强调社会生态系统内部的层级结构及相互作用关系。如图 3 – 2 所示，SESF 包含资源系统、资源单位、管理系统和用户 4 个核心子系统。这个分析框架注意到了在全球化和气候变化的背景下，系统之间的连通性增强，同时也开始强调政治经济社会背景以及其他相关生态系统对研究的社会生态系统的影响（Brondizio and Ostrom et al.，2009）。Ostrom 强调社会生态系统中的制度多样性和多中心治理，在分析微观行动者的资源利用方式时具有很强的解释性。

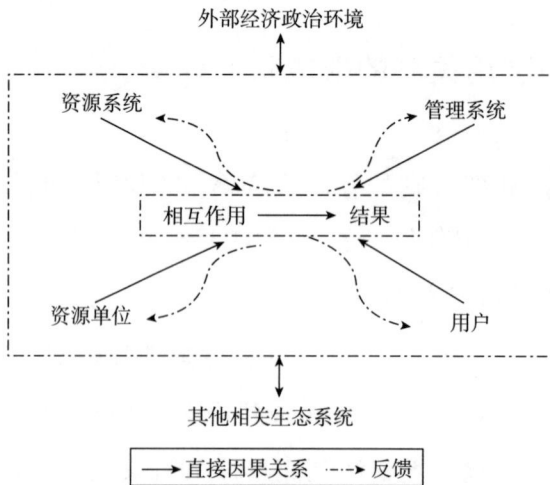

图 3 – 2　社会生态系统分析框架

资料来源：Ostrom（2007）。

稀缺性资源的有效利用离不开使用者之间的相互依赖、合作与互惠的社会关系，一个人的行为会影响另一个人的福利，资源使用者之间的相互作用形成了特定的社会关系。由于自然环境、地理位置等的差异，人们产生了不同的文化、生产方式和生活方式，同时也形成了相应的社会互动关系，在不同的正式制度和非正式制度的冲突和协调中，利益群体之间有不同的行为选择，并形成了特定的社会关系，实现稀缺资源的有效利用。在不同时期，国家自上而下的制度调整、市场经济介入和社区内部文化习俗的共同作用下，人们围绕资源利用形成的社会关系也随之变化。

集体化和承包制时期的资源利用方式都是起源于农耕社会的，将适用于农耕社会的土地利用模式运用到环境逻辑与生产方式迥然不同的牧区社会，结果是实现了经济的短暂增长，但同时也带来了生态环境的负面影响。本研究以土地制度变迁为背景，展现了构建于农耕社会的资源利用关系在牧区的实践、进程及结果。由于自然条件的差异与生产手段的不同，游牧社会与农耕社会的生产方式有着很大差异，基于农区实践形成的国家外部规则作用于农牧民群体，并与个体内部规则进行互动，形成了特定的农牧民资源利用关系。

## 三、农牧关系的形成机制分析框架构建

本书借鉴社会演进分析框架，描述和分析集体化和承包制两个不同的时期的农牧民围绕草场资源利用的相关关系，农牧民自古以来沿袭的传统社会文化形成了生产的一般性规则，即农牧民群体的内部规则，指导农牧业生产活动，而政府外部规则的实施改变了农牧民传统的生产关系，农牧民个体与正式制度形成了冲突与协调的

互动过程，农牧民传统社会文化形成的内部规则和国家强制和推广下形成的外部规则之间相互结合，形成了混合的土地制度安排，既有正式制度的内容，又有非正式制度的内容，在混合土地制度安排下，最终形成了特定的农牧关系（见图3－3）。

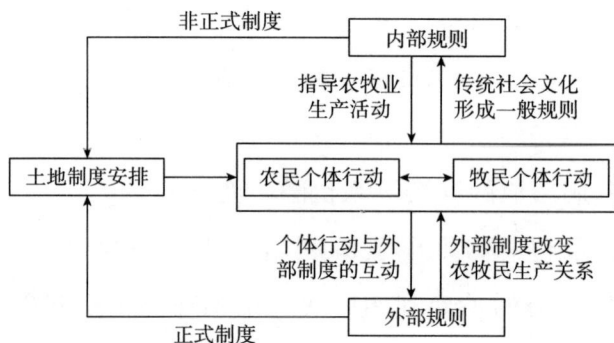

**图3－3　农牧关系的形成机制分析框架**

资料来源：借鉴周业安（2000）提出的制度演进分析框架，结合中国农牧交错带的农牧关系情况绘制。

在农牧民互动过程中，农民和牧民两个群体根据农业和畜牧业的生产规律、传统知识储备和达成利益最大化的途径，由此形成了生产方式的内部规则和经营方式的内部规则。在农牧交错带农牧民共同生产的情况下，国家的外部规则主要来源于哪个群体的内部规则，与不同群体生产和经营方式两个方面内部规则的一致和冲突，以及国家外部规则如何脱离内部规则，形成强制管理农牧民行动的外生秩序，这些互动过程就显得尤为重要，如果外部规则取代了内部规则，一个群体的生产或经营内部规则无法发挥作用，就会造成该群体个体行动的低效率，个体便难以获得最大化的经济利益，同时还可能引发一系列的生态和社会问题。农牧关系的形成机制分析框架定性地分析了集体化和承包制时期的农牧关系形成过程，为下一步分析集体化和承包制时期农牧民关系造成的生计和生态结果，进而解释农牧关系与草场退化问题奠定了基础。

# 第二节　农牧关系的运行结果分析

本章首先对自然资源交易成本的理论基础和研究进展进行了综述，在此基础上梳理了自然相关交易的理论，从农牧关系的交易成本和生态成本角度，分析农牧关系运行的经济影响和生态影响，以此来反映农牧关系给农牧民生计和草场生态造成的结果。

## 一、自然资源交易成本的基础理论

### 1. 自然资源交易成本概念

科斯（1960）的《社会成本问题》一文首次提出交易成本的概念，假设市场交易成本为零的情况下，无论损害方是否对引起的损失负责，都可以通过市场交易实现产值的最大化。文章进一步分析当交易成本不为零的时候，合法权利的初始界定会对经济制度的运行效率产生影响，一种权利的界定会比其他安排产生更多的产值。选择市场、企业或政府三者中的哪种解决方式，关键是要看哪种方式的交易成本更小，而总产值更大。"只有得大于失的行为才是人们所追求的。我们必须考虑各种社会格局的运行成本（不论它是市场机制还是政府管理机制），以及转成一种新制度的成本。在设计和选择社会格局时，我们应考虑总的效果。"

科斯认为利益主体之间进行交易不能解决外部性问题，原因全在于交易成本的存在，可以说外部性就是交易成本造成的，而导致交易成本产生的最重要原因便是产权的界定是否明确以及不同界定对资源配置（即对使外部性内部化的不同安排）的影响。产权界定不清，特别是不能实现排他性，使当事人没有建立相关交易市场的动力。只有在所有者对资源的权利明确界定之后，不同经济主体对产权的价值评价即支付意愿的差异，才会促使产权在不同主体间进行交易，交易的结果是资源的使用权流向对其评价最高者的手中，从而实现资源价值最大化（Williamson，1985）。

**2. 自然资源交易成本的定义**

康芒斯（1925）把交易分成三种类型，买卖的交易、管理的交易和限额的交易。在此基础上可以认为交易成本也分为三种类型：其一，市场交易成本，包括合约准备阶段的搜寻和信息成本，签约阶段的谈判和决策成本，以及维护阶段的监督和合约义务履行成本；其二，管理交易成本，包括建立、维持或改变一个企业组织设计的费用和组织运行的费用；其三，政治交易成本，它是集体行动提供公共品所产生的成本，与管理交易成本是类似的，包括建立、维持和改变一个体制中的正式与非正式政治组织的费用和政体运行的费用。这三种交易成本既相互区别又相互联系，政府出台一些政策和管制可能会增加市场和管理交易成本，因为这些政策和管理实施的成本都会由个体或企业承担。这个定义用于解释一般商品交易的成本，包括企业进行产品市场交易，内部组织管理和受到国家政策影响的成本。

因为自然资源如水资源、森林资源、矿产资源等通常是归国家所有或集体所有，当交易的对象是自然资源时，一般由政府作为交易主体，或是在政府对资源进行初始分配后，个体之间进行的交易。自然资源交易的交易成本分为两个层次：一是制度或体制运行的交易成本，政府参与自然资源初始分配和交易，制定一定的秩序和规则来规范市场交易，由此产生的政府管理成本，不同制度下的交易成本是存在差异的，即"制度成本"；二是在既定制度下测量市场交易中由于商品、劳务及技术因素引起参与交易双方的行为变化，从而产生的交易成本，如交易双方达成合约的搜寻成本、信息成本、谈判成本、决策成本、维护成本等，即"市场成本"。

（1）制度成本。

在资源交易的形成过程中，市场机制通过合约界定权利，将已知属性及其权利明确以合约条款的形式确定下来，并就这些属性的收入流的分配做出事先的安排。但是，由于交易成本的普遍存在，我们难以或者有时根本不可能对一件商品的所有属性的价值及附着在这些价值之上的各种权利做出明确的定义，市场机制的不完备需要其他制度形式来弥补其不足，于是政府等制度的介入就顺理成章了。政府的作用有两方面：一方面，对一些初始资源产权的分配做出规定，监督这些产权权利的执行。"实际上，所有政府都对产权发挥着重大作用，它们也拥有资产并直接参与市场活动"。另一方面，"习俗和惯例似乎也是额外的影响资源配置的非价格因素"（巴泽尔，1997）。这样，在考察资源交易成本的性质时就必须把政府和意识形态等制度因素全部纳入研究范围。从社会的角度来看，交易是人与人之间经济活动的基本单位，无数次交易构成经济制度的实际运转，并受到制度框架的约束。

Arrow（1969）将交易成本定义为"经济制度的运行成本"，交易成本应包括制度的确立和制定成本、制度的运转和实施成本、制度的监督和维护成本，还有制度的变革成本。Barzel（1997）把交易成本定义为与转让、获取和保护产权有关的成本。张五常（1999）也认为交易成本就是所谓的"制度成本"。交易成本可看作是一系列制度成本，包括信息成本、谈判成本、界定和控制产权的成本、监督成本和制度结构变化的成本等。交易成本发生在存在利益冲突的人与人之间的社会关系中，在生产成本和组织知识给定时，追求自我福利的个人必然会选择交易成本最小化的组织结构即制度。Furubotn 和 Richter（1998）提出交易成本包括那些用于制度和组织的创造、维持、利用、改变等所需资源的费用，并进一步分成"固定"交易成本即建立制度安排中所发生的专用性投资，和"可变"交易成本即取决于交易数量的费用。

资源交易成本的变化也就可以体现出资源管理结构的变化，不同的资源管理结构下，资源交易成本是不一样的，一种好的制度具有降低交易成本的内在动力。

（2）市场成本。

科斯认为，交易是稀缺性的、可计量的，交易的成本和收益也是可以计量和比较的。在《企业的性质》中，科斯一般性地列举了使用价格机制的交易成本：一是所有发现相对价格的工作，包括各种为获取和处理市场信息的费用，如了解价格分布、寻找交易对象，即交易准备阶段的费用；二是市场上发生的每一笔交易的谈判和签约的费用，包括讨价还价、订立合约和履行合约的费用，即交易活动进行时所发生的费用；三是由于市场的不确定性所产生的其他费用，如合约在未来实施中，双方根据市场情况的变化进一步协商解决交易的细节问题所花费的成本，即交易活动进行后所发生的维护费用。在《社会成本问题》中，科斯明确提出了"市场交易成本"的概念，认为交易成本应包括度量、界定和保障排他性权利的费用，发现交易对象和交易价格的费用，讨价还价、订立交易合同的费用，督促契约条款严格履行的费用等，详细探讨了产权、交易成本和资源配置效率之间的关系。但科斯没有将交易成本定义成可以操作的概念，也没有说明哪些力量决定着交易成本的大小。

威廉姆森（1985）从契约角度认识交易成本，将其分为事前和事后两类费用，事前费用是指起草、谈判、保证落实某种契约的成本，也就是达成合同的成本；事后费用是指契约签订之后发生的成本，如当事人想退出某种契约关系所付出的费用，交易当事人为政府解决他们之间的冲突所付出的费用和为确保交易关系长期化和持续性所必须付出的费用等。在此基础上，威廉姆森全面地探讨了影响或决定交易成本的因素，并将这些因素归结为两类：第一类因素主要涉及有关市场环境和交易的技术结构特点，称为"交易因素"，包括资产专用性、不确定性、潜在交易对手的数量和交易发生的频率；第二类因素是"人的因素"，即关于人性的两个特点——有限理性和机会主义倾向。当市场是完全竞争市场，即交易对手较多时，交易的搜寻和等待成本较小，完全竞争市场也会抑制机会主义行为。但当市场出现垄断时，交易成本就会加大。交易发生的频率高，就更容易确立和运行交易的规制结构，相对降低交易成本。有限理性显然也会导致交易的搜寻、等待和讨价还价成本增加，并且导致合同不完备，增加履约成本。威廉姆森认为在有限理性、机会主义行为、未来不确定性和交易小数目条件的综合相互作用下，市场会因交易成本过高而失效，企业制度在这个时候应运而生。

　　许多新制度经济学家也都从契约角度来阐述交易成本问题。达尔曼（1979）把交易成本分为三种类型，即寻求信息费用、讨价还价和决策费用，以及监督和执行费用。Matthews（1986）提出交易成本包括事前准备合同和事后监督及强制合同执行的费用。Dudek和Wiener（1996）认为，交易成本包括搜寻成本、协调成本、批准成本、监督成本，以及实施和保险成本，监督成本和政策实施成本应由政府部门承担。Mullins和Baron（1997）则将交易成本划分为直接成本（为完成交易而花费的成本）和机会成本（选择或放弃导致时间和资源的损失）两部分。Cooter（2000）将交易成本分为广义和狭义两类，狭义的交易成本是指完成一项市场交易所需花费的时间和精力，广义的交易成本是指市场交易协商谈判和履行协议所需的全部资源，但他所探讨的都是市场层面的交易。

　　自然资源交易成本是制度成本和市场成本两个层次的交易成本之和，在一定意义上，它是物化的制度，反映了制度创新和制度适应的过程。随着社会经济的发展，公共部门交易成本不断增加，政府部门替代了个体决策制定，把私人之间的产权交易变为由政府作为第三方实施者参与的产权交易，从而大大减少了不确定性和矛盾，但同时也将交易成本附加于政府经济部门（诺思，1988）。以中国为例，在计划经济体制下我们试图取消市场交易成本，但管理和政治交易成本急剧上升，缺乏竞争和优化机制，从而使总的交易成本增加。张五常（2000）认为，计划经济体制的边际交易成本高于市场经济体制的边际交易成本。计划经济体制的出发点是用政府行为替代市场行为。但是，计划经济体制忽略了代理人的机会主义倾向、政府的有限理性，以及社会需求多样性的问题，更为重要的是忽略了经济人对自身利益追求的自然天性。甚至政府由于缺乏信息，但又要维护和加强对社会经济的控制力，代理人以惩罚过失为唯一目标，计划经济变成了统制经济（汪洪涛，2009）。在这种情况下，制度成本反而大幅增加。

### 3. 自然资源交易成本的测量

交易成本的测量问题在理论界一直没有形成一致的观点，一些经济学家对交易成本的可测性持怀疑态度，认为交易成本中收集信息、谈判和签约费用等涉及时间和精力耗损，难以用货币表示，因此交易费用只是一个富有启发性的分析工具。除了交易费用概念上的不可操作性外，对交易费用的实际测度中也遇到了诸多困难。首先，经济活动中交易活动与生产转换活动经常是相互重叠的，难以将二者明确地区分出来。其次，如果交易费用很高，很多潜在交易或许根本不会发生，即使发生也不会通过市场上公开的货币价格来显现。最后，在其他条件完全相同的情况下，拥有不同政治关系、个人素质等其他特征的个人在进行同一项交易时交易费用的差异很大（Alexandra Benham，1998，2001，2004；Polski，2000）。交易费用在很大限度上也与制度、政府政策甚至文化习俗等存在内在关联，而这些因素很难量化（Margaret，2000）。

在技术条件既定的前提下，改革、创新制度的目的是提供更好的制度安排、节约交易成本，一些研究通过定量和定性的结合分析，确定怎样能够最大限度地减少交易成本。

（1）直接成本测量方法。

直接成本测量方法通常用于测量国家或公共服务等行业的市场

型交易成本，普遍可以找到费用替代的指标，采用直接测量的方法。Wallis 和 North（1990）对交易成本总量的测度进行了开创性的研究，分别计算私人交易行业的交易成本和公共交易服务的交易成本，加总得到经济体交易成本总量。最后得出结论，美国交易成本总量占 GNP 的比重在 1870 年为 25%，1970 年上升至 45%，这表明经济越发达，交易成本的比重就越大。关于交易成本总量的直接测度文献均采用了 Wallis 和 North（1986）的方法，并得出了类似的结论。如 Dollery 和 Leong（1998）测算出1911～1991 年澳大利亚交易成本占 GDP 的比重从 1911 年的 32% 上升到 1991 年的 60%，且与美国相比，澳大利亚的私人交易部门的增长速度较快，美国的公共交易部门增长速度相对较快。Ghertman（1998）、Dagnino 和 Farina（1999）等学者对法国、德国、日本、阿根廷等国的交易成本总量测度，Polski（2000）在行业水平上测量商业银行交易成本，认为交易成本总量随着经济增长比重逐渐提高。因此，发达国家的经济越发达，交易成本的比重会越大。

（2）间接成本测量方法。

North（1986）指出非市场交易成本属于交易成本中不可观测的部分，是指那些在现实世界中无法通过市场交易来衡量的费用，如获取信息的费用、排队等候的时间、贿赂官员的支出，以及由不完全监督和实施所导致的费用。由于非市场交易成本的不可观测性和现有统计数据的局限性，很难直接度量其规模，故需通过一些间接的方法对其进行计量（Cheung，2000）。针对非市场交易成本，Hernando de Soto（1989）比较了 1983 年在不行贿、不利用政治关系的情况下，在秘鲁首都利马和佛罗里达州西部港口城市坦帕设立同一小型纺织品公司所花费的时间，结果在利马花费的时间是在坦帕的

1000 多倍。Djankov（2002）不考虑腐败等因素导致的额外进入费用，比较不同国家通过正规渠道创办新企业需要经过的几道程序以及完成这些程序需要的时间和费用大小。对 85 个国家对商业进入管制程度的调查结果发现，各国对商业进入的管制存在很大差别。Benham（1998，2001，2004）提出可通过同一笔交易完成交易所花费的货币和时间费用来衡量交易成本，并比较了不同国家安装商业电话、转让资产所有权，以及进口大型掘土机相关的费用。

一些学者也提出了间接测度非市场交易成本的方法，即利用交易成本与交易效率的反向关系，从平均交易效率的视角间接衡量交易成本。钟富国（2003）用 1997 ~ 2000 年的面板数据验证了政府治理制度、通信科技和教育是影响交易效率的三个层面，影响着各国的经济表现。赵红军（2006）运用因素分析法衡量了 1997 ~ 2002 年中国平均交易效率得出结论，从制度和交易硬件上进行比较，发现中国沿海开放地区的东部明显高于中、西部地区。笪凤媛（2010）利用结构方程模型的思想构建多指标多原因模型，建立了中国非市场交易成本的测度体系，间接测度中国 1978 ~ 2007 年非市场交易成本的规模，以揭示改革以来中国交易成本与经济增长之间的关系。

非市场交易成本的测量一般通过有关政府制度、法规、反腐败、交通通信、基础设施、教育水平等众多指标的集合，构造出能反映经济体一般交易成本或交易效率水平的测量指标体系。

（3）政策成本测量方法。

由于自然资源的管理通常是由政府主导，制定相关的政策，因此利用该方法用来测定自然资源管理的交易成本的研究相对较多。测量正式制度实施造成的交易成本，通常是通过采访政府部门和利益相关者，并根据工资水平将时间成本转换为现金成本进行测度。

Colby（1990）提出了"政策诱致型交易成本"（Policy – induced Transaction Costs，PITC）的概念，它是指一项政策实施所产生的交易成本，通过比较美国科罗拉多州、新墨西哥州和犹他州水转让政策的费用和审批所需的时间来衡量。Brown 等（1992）指出新墨西哥州的水转让交易成本差异很大，并且存在规模经济。Easter（1998）对政府治理明尼苏达河非点源污染可供选择的政策相对应的交易成本进行了研究。他们将政策引起交易成本的构成要素分为搜寻、收集和分析信息费用，颁布授权法的费用（主要为游说费用），政策设计和实施费用，正在实施的项目维护与管理费用，法院起诉等冲突解决的费用和监管费用，通过与相关的政府雇员面对面地交流确定平均时间成本，依据工资水平转换为平均货币成本，进而得到政策诱致型交易成本总量。结果得出征税是交易成本最小的政策。Saleth 和 Dinar（1999）认为建立相应资源市场体制的交易成本也需要考虑。

除了正式制度造成的交易成本，正式制度与非正式制度之间的动态一致性也会影响交易成本的大小。何一鸣（2008）探讨了岭南地区的资源和农产品小商业网络合作制度和地方政府强制制度之间的制度关联，运用博弈论数学模型把该地区的非正式经济制度与正式经济制度之间的关系抽象成民间商业网络制度与地方政府制度创新的动态一致性博弈问题，并收集市场化经验数据对理论模型进行检验和实证分析，认为岭南模式是民间网络自下而上形成的非正式制度演化与地方政府自上而下推进的正式制度创新相互补充、共同发展而形成的制度相互关联的稳定状态。

以上关于自然资源交易成本的论述主要针对国家代表资源所有者作为交易主体或是国家对自然资源进行初始产权分配后个体之间

的自然资源市场交易，本书讨论的是微观层面的农牧民个体之间形成的草场资源利用和交易关系，农牧民的资源交易具有复杂内联性和不确定性，在交易中除了交易成本之外，还存在草场损失的成本，因此本书引入自然相关交易的概念，对农牧民资源利用关系进行分析。

## 二、自然相关交易理论

### 1. 自然相关交易的概念（Nature – related Transactions）

Hagedorn（2008）将交易成本经济学领域的"交易"概念引入自然资源管理领域，提出了自然相关交易（Nature – related Transactions）的概念。自然相关交易将物质层面的自然资源利用、维持、保护和破坏的过程，以及社会层面参与资源交易的行动者双方的选择、谈判和制度安排等同时考虑在内。自然相关交易是多个行动者参与自然环境消费和保护行为的内在关系，并包括行动者行为对生态系统的影响。它比国家主导的资源交易更加复杂、内在关联度更高，交易的社会特征和物质特征都要在分析时考虑进去，探索如何通过多样化的制度安排和有效的治理结构来达到资源的可持续利用。

制度经济学家认为资源交易属于国家政府按照正式制度或集体按照一定的规则进行与个人之间的交易，即配额交易（Ramstad，1996；Bromley，2006），而他们更关注的是制度的设计和实施，并不关心形成资源交易的物质基础，但自然相关交易不仅是产权从一个行动者转移到另一个行动者手里这种简单过程（这里行动者指的是参与资源交易的双方），而是包括间接的、时间和空间跨度的，甚至隐藏性的复杂交易（Hagedorn，2008）。例如，出租土地、土地本身不会移动，但土地上面的其他物品可以移动，包括机器、牲畜等。因此，要把资源交易概念化，首先要识别交易的物质基础或资源产权，这是行动者之间产生联系的最主要原因，因此也是治理结构形成的主要原因（Hagedorn，2008；Paavola and Adger，2005）。制度经济学关注制度管理结构，而自然相关交易既关注产权结构，又关注资源与行动者本身的特点及由此形成的复杂交易过程。自然相关交易理论关注社会生态系统的复杂性和异质性，除制度结构外，还体现社区安排、个体适应行为、文化和知识的共享等诸多复杂的细节。

分析农牧民资源利用关系，需要将物质层面的自然资源利用、维持、保护和破坏的过程，以及社会层面参与资源交易的行动者双方的选择、谈判和制度安排等同时考虑在内。除考虑行动者的行为选择外，还需要考虑与交易相关的生态过程和环境变化的复杂性、不确定性和动态性，以及行动者本身生计需求的影响等方面。自然相关交易是多个行动者参与自然资源消费和保护行为的内在关系，并包括行动者行为对生态系统的影响。

表 3-1　自然资源市场交易和农牧民资源交易比较

| | 交易方 | 交易特点 | 制度安排 | 关注点 | 分析手段 |
| --- | --- | --- | --- | --- | --- |
| 自然资源市场交易 | 政府、企业 | 正式的、完全市场化 | 正式制度 | 经济利益 | 资源交易成本 |
| 农牧民资源交易 | 农民、牧民个体行动者 | 非正式的、不完全市场化 | 正式制度与非正式制度 | 经济利益和生态影响 | 资源交易成本和草场损失的生态成本 |

资料来源：笔者根据资源交易和自然相关交易的理论进行总结。

要运用自然相关交易理论来解释农牧民资源交易，首先要识别交易的物质基础即草场资源利用，这是行动者之间产生联系的最主要原因（Hagedorn，2008；Paavola and Adger，2005）。自然相关交易关注资源在特定产权安排下形成的资源利用方式，与资源利用有关的复杂互动过程，体现了社区安排、个体适应行为、文化和知识的共享等诸多复杂的细节。Hagedorn（2008，2013）提出，自然相关交易中需要制定符合实际的资源交易情况的多样化和异质性的产权安排与结构，收集本土知识和信息、监测和权衡、解决冲突、组织和调整管理责任等，并基于此提出了可持续制度框架（Hagedorn，2008）。

### 2. 自然相关交易的分析框架

自然相关交易关注在社会经济生态系统框架下的人的行动与自然资源之间的交易关系，并据此形成了可持续制度框架（Institutions of Sustainability，IoS）（Hagedorn，2008）。

IoS 框架有三个特点：一是除了社会维度外，它还强调了资源交易中的物质维度，体现了资源利用方式，并分析了不同行动者之间的复杂联系；二是它承认制度安排的多样化；三是它实现了社会生态系统中制度变迁引起交易关系变化的动态分析。

可持续制度框架关注社会生态系统中行动者之间的交易关系，并假设这个交易关系发生在一个行动平台上，交易的物质特征和行动者特征共同影响交易进行，用于分析不同时期的土地制度安排下，资源利用和行动者的特征如何决定交易运行过程和由此产生的成本。

可持续制度框架包含四个模块，具体内容如下：①自然相关交易特征（Transactions）：主要描述物质层面与资源利用相关的属性，如行动者在使用资源时是否具有排他性，是否发生"搭便车"行为；资源是否稀缺，使用者之间是否会产生冲突；资源使用者是否能在特定制度安排下保持长期的交易合作关系，这取决于资源使用者的已有知识和资源交易成本的分摊是否合理；产品产出与资源利用是否密切相关；资源交易发生的频率；资源本身的不确定性等。②行动者的相关属性（Actors）：主要描述参与交易双方的个体行动者的特征，行动者相互了解和信任程度；社区自组织合作和非正式制度对资源交易的影响；国家正式制度对资源交易的影响；行动者本身与资源利用相关的信息、知识储备和能力水平；行动者追求利益最大化的理性经济人属性等。③土地制度安排（Institutions）：主要描述多样化的制度安排，资源产权权利束可以划分为使用权、变更权、转让权等产权的不同部分，并据此形成混合的产权制度安排，如所有权共有，使用权私有的产权安排；不同的制度安排产生的交易成本也不同，如果交易成本过高，超过了收益，资源交易将无法进行；多样化的产权可能会增加交易成本，但产权归属给不同行动者也有可能带来更多的经济效益，成本和收益需要权衡；不同的行动者之间（如国家、集体和农牧民之间）对产权的合理分配有助于行动者各自掌握自己的权利，提高资源交易效率。④治理体系（Governance Structures）：主要描述资源制度的形式、模式和组织过程，核心要素包括市场组织形式、管理机构的作用、行动者自身的知识和信息获取，由此形成的行动者之间的合作关系以及资源交易冲突的解决方式等。

当面对资源交易中复杂的行动者和资源利用方式之间的相关关系时，需要把一个复杂的大问题分解成若干个小问题，分解和模块化使模块之间的关联性降到最低。因此，Hargdorn（2008）在 IoS 框架的基础上，提出根据资源交易的相互关联性、异质性和多样性形成的启发式框架（见表3-2）。框架中模块化结构和交易过程关联度低的交易称为独立分解型交易，传统的商品交易属于这个类型；而复杂结构和交易过程关联度高的交易称为复杂内联型交易，本书的农牧民资源交易就属于这个类型。

表3-2　交易类型的结构和功能启发式框架

| | | 结构的模块分解性 | |
| --- | --- | --- | --- |
| | | 高 | 低 |
| 过程的功能关联性 | 低 | 独立分解型交易 | 复杂分解型交易 |
| | 高 | 独立内联型交易 | 复杂内联型交易 |

资料来源：Hargdorn（2008）。

资源交易的特点就是一个行动者做出的决定会影响到其他没有参与决策的行动者，这就造成行动者之间产生冲突并寻求解决办法，或行动者之间的协同作用带来共同的利益。因此，我们需要从资源或物品的属性和行动者与组织之间的社会关系两个维度来分析资源交易中间的复杂过程。

自然相关交易的模块化包含以下几个环节（见图3-4）：①行动者采取行动（如牧民在草场上放牧过多牲畜），引发了可能包含多个行动者（牧民）的交易过程；②行动者的行动引起了资源单元（草场单元）的变动；③资源的变化又影响到更大范围的物质和自然生态系统（如草场过度利用）；④生态系统对这些变化产生响应和适应性变化（如草场退化）；⑤生态系统的变化影响到其他行动者，资源交易发生（如共同利用草场资源的其他牧民畜牧业生产受到影响）；⑥行动者逐渐发现了资源变化给自己带来的影响和原因，参与交易的行动者之间的关系发生变化；⑦进而引起行动者之间直接或间接的讨论、谈判、达成共识和形成一定的制度安排；⑧社会系统适应新的制度安排，并形成新的治理结构。资源交易制度化之后，行动者又会进一步调整自己的行动，适应新的制度安排。如果行动者接受了制度安排的结果而没有调整自己的行动，这个资源交易就会终止，否则还会引发新一轮的资源交易。

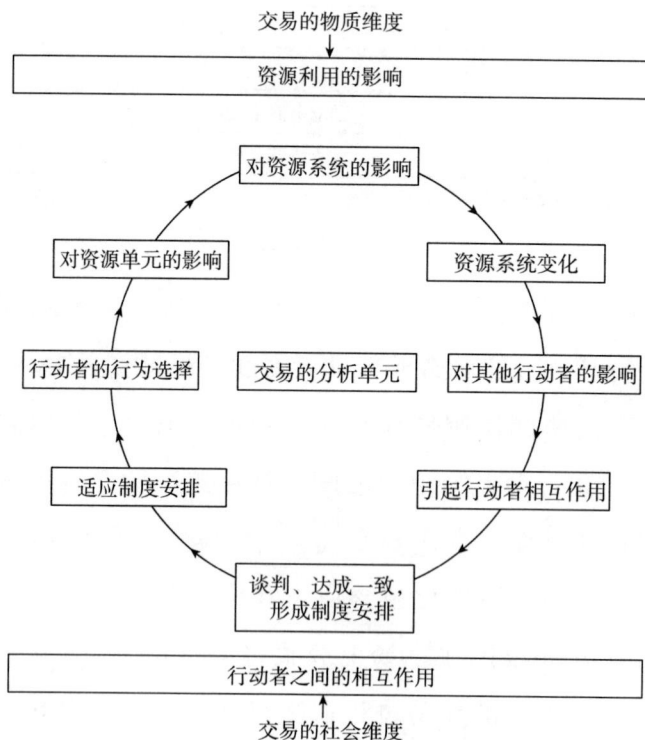

图 3-4  资源交易的物质和社会维度分解模块化

资料来源：Hagedorn（2008）。

## 三、资源利用关系的成本和运行结果研究

在农牧民资源利用关系中，农民和牧民不是各自独立的群体。他们的资源交易实际上是一种人和自然资源的复杂互动关系，不局限于农民和牧民直接交换资源产品和服务，还包括由农牧互动引起的资源系统潜在变化，如草场保护或退化的结果，这又会影响共同使用草场的其他牧民获得资源产品和服务的机会（Hagedorn，2013）。

农牧民之间交叉内联的资源关系可以用自然相关交易理论来解释。自然相关交易解释了行动者群体在利用资源时的间接影响关系，包括资源利用的外部性及外部性产生前后不同行动者群体之间的资源交易过程（Bromley，1991）。这种交叉内联的关系在宏观的资源交易中并没有得到充分体现，自由主义经济学家更多关注的是哪种制度安排和治理结构能够使交易成本最小化，达到资源的最优化配置。但在自然相关交易中，解决经济效益问题和生态问题等不同环节可能需要多样化的制度安排和异质性的治理结构，包括"收集和处理相关知识和信息，量化和监测资源情况，谈判和解决冲突，形成统一组织和规范"等环节（Hagedorn et al.，2002）。Ostrom（2010）提出的多中心治理概念就强调了人与自然资源互动关系中制度多样性的功能，其更多强调的是发挥社区自主管理的力量，解决政府管理失效问题。而运用自然相关交易理论解释农牧民资源利用关系，能够描述在特定的制度安排下，参与资源利用的行动者特点和资源利用方式，兼顾经济效益和对生态影响两个方面，解释农牧民资源利用互动过程。

自然相关交易理论的分析框架——可持续制度框架可以用来解释社会生态系统中的农牧民资源利用关系。原本的可持续制度框架侧重于探讨形成多样化的制度安排的动态过程，形成参与自然相关交易的行动者的规范，并对自然和社会系统产生影响（Hagedorn，2008）。可持续制度框架把资源交易情况作为分析的核心，关注行动者在动态的资源交易中的互动关系，根据资源本身的特性和行动者特征，分别对交易的物质层面和社会层面进行分析。可持续制度框架分析的核心是社会生态系统中制度变化的动态过程，对描述制度表现、分析制度缺陷、评估在行动者之间互动的资源交易过程中制度变化情况有较强的解释力。而本书关注的是在集体化和承包制时期不同的土地制度安排下，资源利用方式和行动者的特征，进而分析由此引起的实际资源交易中的多样化表现，以及农牧民资源交易的生计和生态结果。

本书首先关注资源交易中资源产权权利束的具体表现。自然相关交易理论适用于分析多样化的制度安排，但本书的侧重点不在于描述制度变迁的动态变化，而是在于分析集体化和承包制时期土地制度安排的现实情况。自然相关交易理论认为，决定资源交易情况的是资源利用方式和行动者的特点，而决定资源利用方式和行动者特点的则是土地制度安排。资源在使用权上表现为社区共用的共有产权，决定了资源在实际利用时具有公共池塘资源的属性，即具有非排他性和竞争性等特点。而划分到户的私有产权使资源使用权得到了清晰界定，鼓励行动者自主选择生产经营方式，追求利益最大化。借鉴自然相关交易理论的分析框架，可以系统剖析在现有土地制度安排下，资源交易关系的运行及影响。

自然相关交易把交易关系分为物质和社会两个层面，交易的物质层面描述了公共池塘资源本身的非排他性和竞争性，这些特征造成资源利用过程中外部性不可避免，个体交易的行动选择引起资源单元变化，进而引发资源系统变化，最终影响其他行动者未来获取和利用该资源的机会。如果资源退化，那么对其他行动者造成影响的资源损失就是交易的生态成本。

交易的社会层面描述了行动者追求利益最大化和寻求合作的特征，不同的资源利用群体之间为了达到经济利益最大化、维持生计需求、解决资源利用冲突，他们之间通过信息交换、谈判和博弈，最终达成共识，通过交易达成资源的优化配置，并在社区层面或在政府主导或辅助下，改造和补充资源管理的非正式和正式制度，包括形成行动者利用资源的一般规则及监督和惩罚机制等，这一过程产生的成本就是交易成本，也就是制度经济学家所定义的交易成本，它在广义上就是规范资源交易的管理制度运行所产生的成本。

因此，借鉴自然相关交易理论的分析框架，在分析农牧民资源交易的结果时可以从物质和社会两个层面来分析。除考虑农牧关系的交易成本外，还应考虑农牧关系的生态成本。交易成本包括政府行政管理的成本和农牧民个体寻求交易的信息成本、谈判成本和达成交易后的监督、维护成本等，生态成本则代表了资源交易达成后消耗的草场资源。

总之，本书借鉴自然相关交易的分析思路，用它来剖析集体化和承包制时期农牧民资源交易中土地制度安排的情况和资源交易的特点，进而分析农牧关系的交易成本和生态成本，由此来探讨农牧关系带来的经济和生态结果。

## 四、农牧关系的运行结果分析框架构建

本书借鉴可持续制度框架，构建了农牧关系的运行结果分析框架（见图3-5），主要对农牧关系的以下几方面进行分析：

（1）本书关注不同时期的土地制度安排和治理结构。将草场资源的产权划分为权利束，分别分析集体化时期和承包制时期草场的所有权、承包权、使用权等的归属，总结集体化和承包制时期土地制度的变化，以及不同制度安排带来的影响。

（2）本书关注不同时期农牧关系的特点。分别从社会维度和物质维度来看，社会维度主要是参与交易的农牧民的个体行动，物质维度主要是草场资源的利用方式。在不同的草场制度安排下，草场资源从集体共用到划分到户，结合草场资源的非排他性、竞争性、合作性，以及不确定性等特点，对农牧民资源交易产生影响；而农牧民也从集体生产转变为个体生产，其生产方式的选择、获取利益的途径，以及相互合作和信任的程度等特点也决定了农牧民资源交易关系的运行。

（3）本书关注农牧关系运行的结果。农牧关系的交易成本越高，就会阻碍交易达成，农牧民从交易关系中获得的经济利益就越少。而农牧关系的生态成本越高，农牧交易达成后的就越会造成草场退化。

如图3-5所示，首先分析集体化和承包制时期不同的国家政策（即人民公社和土地利用承包制制度）所形成的土地制度安排，体现了国家正式制度在草场利用上的实际表现；其次分析草场资源利用和农牧民行动者的特征，在这些特征的影响下，形成了特定的农

牧关系；最后分析农牧关系运行的结果。

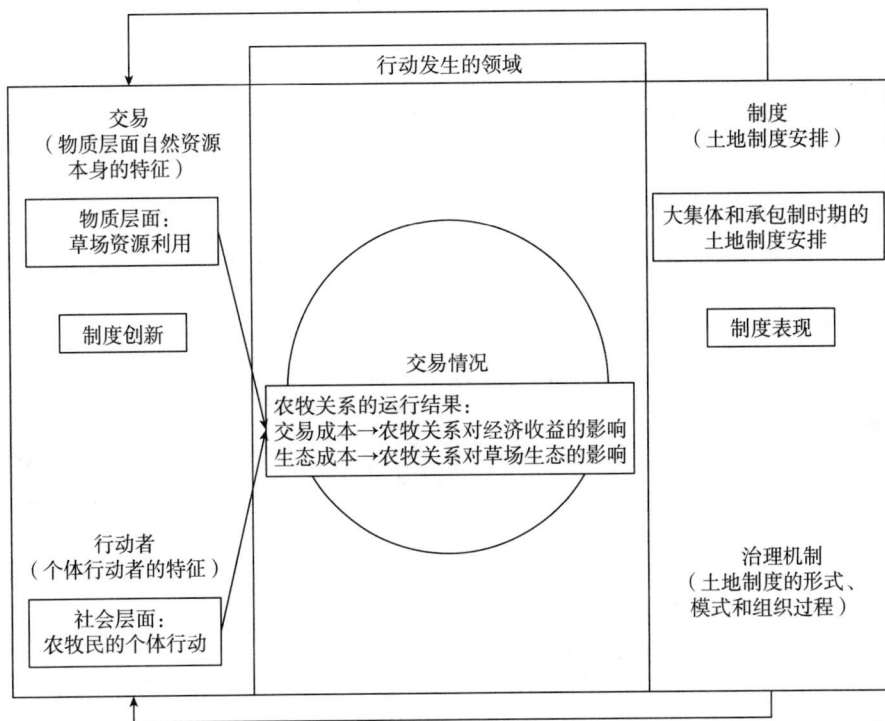

图 3-5　农牧关系的运行结果分析框架

资料来源：基于 Hagedorn（2008）提出的可持续制度框架，结合我国农牧交错带的农牧民资源交易情况进行绘制。

# 第三节　农牧关系的影响机理分析框架

首先依据农牧关系的形成机制分析框架，通过农民和牧民两个

群体形成的生产方式和经营方式的内部规则和国家外部规则结合与
农牧民行动的互动过程，定性地分析了集体化和承包制时期的农牧
关系形成机制。接着依据农牧关系的运行结果分析框架，通过定性
分析交易成本和生态成本的大小，分析农牧关系的运行对农牧民获
得经济利益的影响和对草场生态的影响。这两个框架组合在一起形
成了农牧关系的影响机理分析框架（见图 3-6），实际上是梳理了
在集体化和承包制下，农牧关系的形成、运行和最后导致的生计和
生态结果整个过程。

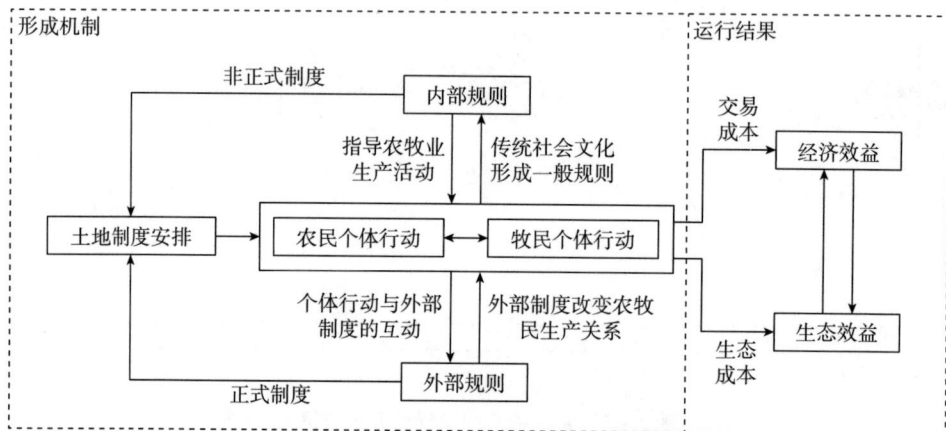

**图 3-6  农牧关系的影响机理分析框架**

资料来源：笔者借鉴社会演进理论和自然相关交易理论，结合研究问题绘制。

# 第四节  本章小结

本章借鉴社会演进理论和自然相关交易理论，分别构建了农牧

关系的形成机制和运行结果分析框架。本书用这两个框架对农牧关系的机理进行分析，梳理了在集体化的人民公社制度和承包制制度下，农牧关系的形成、运行和最后导致的生计和生态结果这一完整过程，也就是从农牧关系的角度来解释集体化和承包制对农牧民生计和生态的影响机制。

# 第四章 集体化和承包制对农牧民生计与生态影响及分析

为了分析土地集体化和承包制对农牧交错带农牧民生计和草场生态带来了怎样的影响，本章基于2015～2016年笔者调研的新疆伊犁尼勒克县的实际情况和案例地1958～2015年的统计数据进行分析。一方面，运用可持续生计框架对伊犁农牧交错带集体化和承包制时期农牧民生计资本的变化进行定量分析；另一方面，通过田野调查的结果对集体化和承包制时期农牧民生计和生态状况的变化进行定性分析。

## 第一节 案例地介绍

新疆伊犁农牧交错带属于垂直分布的农牧交错带，从海拔1000米以下的半干旱农业向海拔1000米以上的湿润草甸草地畜牧业过渡。尼勒克县隶属新疆伊犁哈萨克自治州，中天山西段，处伊犁河上游。大陆性北温带气候，日照时间长，光能资源丰富，年平均降水量516毫米，多集中在4～9月，由西向东降水量逐渐增加，年积温约 3000℃，山地气候特性明显。依靠天山融雪形成的伊犁河及其支流为灌溉农业提供了相对丰富的水源，山地中上部的天然草场则自古以来就用于牲畜的放牧。伊犁河谷地区是天然畜牧业和农业有机结合的典型农牧交错带。

尼勒克县是一个农牧结合县，牧民长期采取农牧结合、以牧为主的生产方式，共有人口 18.9 万人，土地面积 15.18 万亩，其中天然草场总面积 1016.4 万亩，可利用面积 980.85 万亩，耕地面积 57.2 万亩。饲养牲畜主要品种是绵羊、牛、马、山羊和少量骆驼。据 2015 年《尼勒克县统计年鉴》，2015 年底饲养牲畜存栏量为绵羊 62.52 万只，山羊 2.3 万只，牛 19.64 万头，马 6.28 万匹，共计羊单位 194.42 万只，其中能繁殖的母畜数量有 161.26 万只羊单位，占存栏量的 83%。主要种植的农作物为小麦、玉米和胡麻等，近几年越来越多的农民选择在农田种植苜蓿等。2015 年农作物总播种面积 57.53 万亩，其中播种面积前三位是小麦 33.81 万亩、玉米 11.57 万亩、苜蓿 3.02 万亩。年产出小麦 13.18 万吨、玉米 9.25 万吨、苜蓿 2.87 万吨。尼勒克县 2015 年牧业总产值为 187441 万元，农业总产值为 71937 万元。

田野调查选取位于尼勒克县西部的套苏布台村和中部的乌赞村作为案例点。套苏布台村是纯牧业村，共有人口 423 户、1803 人，其中哈萨克族人口占 90% 以上。草场面积约 16 万亩，在春秋、夏、冬三季草场游牧。各户均以畜牧业为主，同时从事农业，耕地面积约 10800 亩。乌赞村是农牧结合村，共有人口 558 户，2273 人，其中 353 户农民，205 户牧民，有 50% 的人口为哈萨克族，其余大部分人口为回族。全村草场总面积约 14 万亩，同样在三季草场游牧。全村耕地面积约 7566 亩。两村小麦种植面积最广，且近两年越来越多的农民在耕地改种饲草。农民和牧民的主要收入来源都是畜牧业。

尼勒克县在集体化时期采取牧业生产合作社的方式,实行公社、生产大队、生产小队三级管理。一乡一社,一村一大队,每个村再细分为2~3个牧业小队和农业小队,牧业小队负责大、小畜和老弱畜等的分群放牧及转场、修棚圈、挤奶、打草等工作;农业小队负责农作物种植、修建水渠和林业工作。牲畜、农作物、草场和农田全部归公社集体所有,农牧业收益由集体统一分配。

新疆牧区从1984年开始实行承包制,尼勒克县根据"草畜双承包责任制,牲畜作价归户,草场无偿承包"的原则,将草场、耕地使用权和牲畜按人口数分配到每户家庭。套苏布台村的分配方式是每户家庭分配草场、耕地使用权和牲畜,由于草场面积相对较小,采取8户为一组共用草场的方式,一户家庭同时从事农业和牧业;乌赞村的分配方式是延续集体化时的分工,划分农民和牧民两种性质的家庭,农户分配农田,从事农业劳动,牧户分配草场和牲畜,从事牧业劳动(见表4-1)。土地承包到户的利用方式将生产尺度缩小到家庭,增加了单个家庭的生产积极性,收入水平提高。两村自2009年开始大规模建造牧民定居房和棚圈,建设费用一部分由政府补贴承担,剩下的部分需要家庭自己承担,因此很多家庭都是从2009年开始向银行贷款。

表4-1 尼勒克县集体化和承包制时期政策比较

| 时期 | 时间 | 政策 |
| --- | --- | --- |
| 集体化 | 1958~1984年 | 1. 土地所有权和牲畜归集体所有,生产小队成员共用草场和农田<br>2. 以生产小队为单位从事农牧业生产<br>3. 农牧业收益由公社在每年底统一分配给家庭个体 |

| 时期 | 时间 | 政策 |
|------|------|------|
| 承包制 | 1984 年至今 | 1. 土地所有权归集体所有，家庭拥有草场、农田承包权、使用权和牲畜<br>2. 以家庭为单位从事农牧业生产<br>3. 收益归农牧民家庭个体所有 |

资料来源：笔者根据田野调查访谈资料整理。

# 第二节　调研及数据收集

本书的统计数据选取了 1958～2015 年的相关数据，数据来源于《尼勒克县沧桑巨变 60 载统计年鉴》《尼勒克县统计年鉴》《伊犁统计年鉴》和集体化和承包制时期乡镇政府有关部门的统计资料和研究报告、期刊论文等。

田野调查工作在 2015 年 7～8 月和 2016 年 12 月～2017 年 1 月完成，主要采用半结构化访谈的方式对尼勒克县套苏布台村和乌赞村的牧户家庭进行入户调查。采用随机抽样的方式选择访谈对象，套苏布台村共访谈 60 户，乌赞村共访谈 83 户，均超过本村总户数的 15%。访谈主要围绕两个时期的家庭农牧业生产、生活条件、草场和水资源使用情况等方面展开调查，了解所在村在集体化和承包制时期的生产经营方式及牧民对自然和社会变化的感知和评论。同时通过对尼勒克县政府管理人员的专题访谈，了解全县农牧民生计和自然生态整体情况。

参考已有研究选取的指标，综合田野调查结果，本章选取了 22 个生计资本的变量指标（见表 4–2），包含金融资本、物质资本、人

表4-2 生计资本变量指标

| 生计资本 | 原始变量 | 均值 | 最大值 | 最小值 | 标准差 |
|---|---|---|---|---|---|
| 金融资本 | 1. 人均存栏量（羊单位）[a,b] | 10.07 | 19.66 | 7.01 | 2.78 |
| | 2. 人均农作物产量（吨）[a,b] | 0.41 | 1.23 | 0.15 | 0.25 |
| | 3. 人均贷款数额（美元）[a,b] | 92.90 | 1063.21 | 0 | 219.93 |
| | 4. 人均存款数额（美元）[a,b] | 115.75 | 1112.21 | 0 | 286.48 |
| 物质资本 | 5. 农牧固定资产投入（千美元）[a,b] | 938.79 | 7648.18 | 0 | 1664.31 |
| | 6. 农村建房面积（万平方米）[a,b] | 941 | 6825 | 30 | 1247 |
| | 7. 人均农机数量（台）[a,b] | 2373.29 | 11454 | 23 | 3005.4 |
| | 8. 通自来水村[a,b] | 21.29 | 69 | 0 | 26.63 |
| | 9. 水渠修建情况[d,] | 1.41 | 3 | 0 | 0.84 |
| 自然资本 | 10. 人均草场面积（公顷）[a,b] | 74.74 | 80.03 | 67.76 | 6.13 |
| | 11. 人均耕地面积（公顷）[a,b] | 2.49 | 3.02 | 2 | 0.29 |
| | 12. 草场植被净初级生产力 NPP[e] | 171.74 | 196 | 150 | 13.08 |
| | 13. 灌溉水利用效率（千克/立方米）[a,b] | 0.05 | 0.23 | 0.01 | 0.05 |
| 人力资本 | 14. 牧业劳动力（人）[a,b] | 6772.86 | 20804 | 1150 | 5299.69 |
| | 15. 农业劳动力（人）[a,b] | 13711.55 | 27892 | 4461 | 7553.92 |
| | 16. 非农牧劳动力（人）[a,b] | 6906.07 | 35034 | 286 | 9429.66 |
| | 17. 受教育人口（人）[a,b] | 6185.59 | 11328 | 2200 | 2861.58 |
| | 18. 农牧业劳动力配比（%）[a,b] | 46.43 | 94.39 | 25.78 | 18.65 |
| 社会资本 | 19. 农村基尼系数[c] | 0.25 | 0.48 | 0.1 | 0.15 |
| | 20. 干部占总人口比（%）[a,b] | 4.10 | 9.29 | 1.96 | 2.09 |
| | 21. 合作社数量[a,b] | 66.83 | 108 | 30 | 23.05 |
| | 22. 农牧合作关系[d,] | 2.09 | 3 | 1 | 0.82 |

注：生计资本变量指标1~8和10~21是尼勒克县1958~2015年生计资本变量的年度连续定量数据，生计资本变量指标9和22是根据县级田野调查和访谈得到的1958~2015年时间段内的定性数据。

资料来源：a.《尼勒克县沧桑巨变60载统计年鉴》1949~2010年；b.《尼勒克县统计年鉴》2011~2015年；c.《伊犁哈萨克自治州统计年鉴》1980~2015年；d. 县级政府部门统计和县领导访谈数据；e. 尼勒克县区域NPP数据1958~2015年：普宗朝等，2009（1962~2009年）；何勇等，2007（1971~2000年）；刘卫国等，2009（1958~1980年）；杨红飞等，2014（2005~2015年）。

力资本、自然资本和社会资本，每个生计资本类型由4~5个指标代表，不同的生计资本变化情况可以反映出集体化和承包制时期案例地农牧民的生计情况和自然生态状况。这里生计资本的变量指标数据来源都是县级统计数据和调研数据，农牧户尺度的田野调查数据主要用于在定量分析后的定性因果联系讨论。

对不同类型资本指标选取的解释如下：①金融资本包括现金、贷款、储蓄和实物储存等。这里人均存款、贷款数额是可直接用于生活和扩大再生产的现金资本，人均存栏量和人均农作物产量则是实物资本，但与物质资本相区别的是它们属于短期储存并易于移动的实物资本。集体化时期的人均存栏量用的是区域范围内公社总牲畜数量与总人口的比值。②物质资本包括牧民家庭基础设施、生产设备和技术等。这里选取农牧固定资产投资和农村建房面积代表牧民的不动产资本，通自来水村数量和水渠修建情况代表基础设施，人均农机数量代表生产设备情况。其中，水渠修建情况为定性指标，为了使定性指标量化，将指标做出如下划分：村内没有修建水渠，赋值为 0；村内水渠为 1968 年始修建的泥渠，赋值为 1；村内水渠为 1990 年左右改造的水泥渠，赋值为 2；村内水渠为 2014 年开始修建的防渗渠，赋值为 3。③自然资本包括土壤、水、空气、生物基因等自然资源，以及环境服务如水循环、污染物沉积等。人均草场面积和人均耕地面积不但代表物质资本，也是牧民自然资本。草场植被 NPP 和灌溉水利用效率代表该地区自然资本有效利用和支持农牧民生计的能力。草场植被 NPP 值取自已有研究中的 NPP 计算值（普宗朝等，2009；何勇等，2007；刘卫国等，2009；杨红飞等，2014），对有重叠年份的 NPP 值取平均值。灌溉水利用效率定义为农田单位面积产量与水资源使用量的比值，水资源使用量用新疆农业灌溉用水定额标准（DB65）来代替（实际水使用量不超过用水定额），计算得出农田水资源利用效率。④人力资本包括劳动力人口、知识、健康状况等。由于案例点属于农牧交错带，因此分别选取牧业劳动力、农业劳动力、非农牧业劳动力代表劳动力的数量，受教育人口代表劳动力的知识水平，而农牧业劳动力配比则代表了该地区的劳动力分工情况。⑤社会资本包括农民的社会资源如社会关系、联盟、协会组织等。选取农村基尼系数、干部占总人口比、农牧业合作社数量和三个定量指标，农村基尼系数反映了农牧民内部收入分配差异状况，数值越高代表贫富差距越大，农牧民社会两极分化，容易增加矛盾，不利于社会稳定，可以认为是社会资本的减少，为了与其他变量对应这里取基尼指数的倒数；干部占总人口比是村干部、乡镇干部等各级政府工作人员与全体人口的比值，干部比例增加代表农民参与政策制定和管理监督的机会变多；合作社数量增加代表农牧民之间的生产合作在逐渐变多。选取农牧合作关系作为定性指标，并将定性指标赋值：农牧合作关系在1958年开始的人民公社时期，农民和牧民在生产上分工合作，赋值为3；农牧合作关系在1980年左右转变为牲畜承包到户而草场共用时期的农牧民部分合作，这一阶段赋值为2；农牧合作关系在1989年后牲畜与草场双承包，单个家庭从事农牧业生产，农民和牧民变成市场交易关系，赋值为1。

生计资本的选取尽可能覆盖农牧民生计和生态的各个方面，并考虑到数据的可获得性，大部分指标使用了统计年鉴中具有代表性的时间序列数据，少部分指标来自田野调查和访谈中获得数据。由于统计年鉴中的数据都是县一级的，为了保证数据级别的一致性，田野调查的数据如水渠修建和社会合作关系也选取了县退休领导访谈中得到的县级整体情况。可能存在的不足是金融资本指标中未选取收入指标，主要是为了避免自变量和因变量的交叉，因为收入也是代表因变量生计水平的重要方面。

# 第三节　分析方法

## 一、生计资本定量分析方法

可持续生计框架是 Chamber 和 Conway 在 1992 年首先提出的分析框架。在可持续生计框架中，农民通过农业规模化和集约化、收入多样化和移民等手段维持和提高生计，其必要条件是拥有一系列的资源或资本（Chamber and Conway，1992）。这些资本被划分成五类，分别是金融资本、物质资本、人力资本、自然资本和社会资本（DFID，2001）。

因此，可持续生计框架包括五种资本（自然、物质、金融、人力和社会资本），用于从事不同的生产生活活动，形成一种生计策略。该框架中，各类资本的可获取性及其利用都受社会因素（如村级组织、乡规民约、权属及宗教信仰等）和外在趋势和冲击（如经济环境的变化、政策变动或自然灾害）的制约。Scoones（1998）认为实现不同生计策略的能力依赖于个人拥有的物质和社会方面的有形和无形资产。他划分了资本的四种组成，即自然资本、金融资本、人力资本和社会资本。进而，DFID（2001）把 Scoones 的金融资本细分为金融资本和物质资本，即生计资本包括五个部分：自然资本、金融资本、物质资本、人力资本和社会资本。

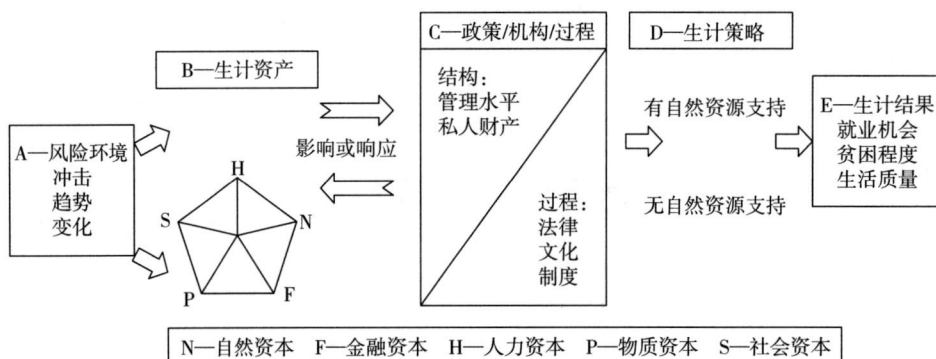

图 4-1　可持续生计框架

资料来源：DFID（2001）。

可持续生计框架不仅关注经济层面，还关注自然和社会层面，认为五种生计资本共同影响农牧民生计策略的选择。个人或家庭实施不同生计策略的能力取决于所拥有的资本状况，生计策略是通过系列生计活动来实现的。在不同的资本状况下，生计活动呈现多样性，并且相互结合来实现生计策略。在脆弱性环境/背景下，生计资本是可持续性生计框架的核心内容，它表现出人们的资本状况，从而生动地显示了多种资本之间的内在关系。作为生计分析的核心，可用于分析不同形式的资本构成下生计的可持续性（Kelman I.，2008）。生计资本通常在微观或宏观尺度分析农牧民选择生计策略的限制因素（De Haan，2005），例如在落后偏远的农村贫困地区，农户更多地依赖以自然资源为基础的生产来维持生计，且贫困户比富裕户更依赖自然资本（Aune B.，2008；Ashley C.，1999），人力资本的增加促使农民更多选择非农劳动，多样化生计有助于减轻贫困（Mazzarino M.，2004）。

　　一些研究构建了包括金融资本、物质资本、自然资本、人力资本和社会资本的生计资本综合分析框架，定量评估某一地区农民生计和生态情况（Erenstein O.，2010；Howe L.，2008；Fofack H.，2000；Lanjouw J.，2000）。本书选取金融资本、物质资本、人力资本、自然资本和社会资本五种生计资本的典型指标，构建农牧民生计资本指标体系，定量分析集体化到承包制时期五种生计资本的变化情况，以此来比较和评估集体化和承包制时期农牧民生计和草场生态情况。

### 1. 相关分析

在对五类生计资本分别进行因子分析之前，首先要进行相关分析，通过相关系数矩阵验证各个变量之间的相关性。统计学认为相关系数的绝对值在 0.3 以下是无相关，0.3 ~ 0.5 是低度相关，0.5 ~ 0.8 是显著相关（中等程度相关），0.8 以上是高度相关（K. Pearson，1905）。因子分析至少保证大多数变量指标显著相关，即相关系数高于 0.5，并且显著性水平低于 0.1（Li，2015）。

如表 4 - 3 所示，金融资本中，除人均存栏量外，人均农作物产量、人均贷款和存款之间的相关系数均大于 0.9，显著性水平低于 0.1。物质资本中，农牧固定资产投资、农村建房面积、农机数量、通自来水村、水渠修建之间的相关系数均大于 0.65，显著性水平低于 0.1，变量之间具有较为明显的相关性。自然资本中，人均草场面积、人均耕地面积、草场 NPP、灌溉水利用效率之间的相关系数在 0.3 ~ 0.8 之间。人力资本中，牧业劳动力、农业劳动力、非农牧劳动力、受教育人口、农牧业劳动力配比之间的相关系数大部分高于 0.6，显著性水平低于 0.1。社会资本中，农村基尼系数、干部占总人口比、合作社数量、农牧合作之间的相关系数均大于 0.5，半数超过0.9，显著性水平低于0.1，变量之间具有较为明显的相关性。

表4-3　生计资本变量相关系数

| 生计资本 | 原始变量 | 1 | 2 | 3 | 4 | 5 |
|---|---|---|---|---|---|---|
| 金融资本 | 1. 人均存栏量（羊单位） | 1 | 0.022 | 0.035 | 0.047 | |
| | 2. 人均农作物产量（吨） | | 1 | 0.913[r,*] | 0.940[r,*] | |
| | 3. 人均贷款数额（美元） | | | 1 | 0.951[r,*] | |
| | 4. 人均存款数额（美元） | | | | 1 | |
| 物质资本 | 1. 农牧固定资产投入（千美元） | 1 | 0.908[r,*] | 0.956[r,*] | 0.774[r,*] | 0.678[r,*] |
| | 2. 农村建房面积（万千米） | | 1 | 0.886[r,*] | 0.779[r,*] | 0.762[r,*] |
| | 3. 人均农机数量（台） | | | 1 | 0.830[r,*] | 0.756[r,*] |
| | 4. 通自来水村 | | | | 1 | 0.794[r,*] |
| | 5. 水渠修建情况 | | | | | 1 |
| 自然资本 | 1. 人均草场面积（公顷） | 1 | 0.556[r,*] | 0.369 | 0.718[r,*] | |
| | 2. 人均耕地面积（公顷） | | 1 | 0.374 | 0.572[r,*] | |
| | 3. 草场植被净初级生产力NPP | | | 1 | 0.362 | |
| | 4. 灌溉水利用效率（千克/立方米） | | | | 1 | |
| 人力资本 | 1. 牧业劳动力（人） | 1 | 0.846[r,*] | 0.936[r,*] | 0.704[r,*] | 0.631[r,*] |
| | 2. 农业劳动力（人） | | 1 | 0.653[r,*] | 0.851[r,*] | 0.239 |
| | 3. 非农牧劳动力（人） | | | 1 | 0.479 | 0.709[r,*] |
| | 4. 受教育人口（人） | | | | 1 | 0.412 |
| | 5. 农牧业劳动力配比（%） | | | | | 1 |
| 社会资本 | 1. 农村基尼系数 | 1 | 0.932[r,*] | 0.641[r,*] | 0.963[r,*] | |
| | 2. 干部占总人口比（%） | | 1 | 0.564[r,*] | 0.902[r,*] | |
| | 3. 合作社数量 | | | 1 | 0.713[r,*] | |
| | 4. 农牧合作关系 | | | | 1 | |
| 生计资本公共因子（二次因子分析） | 1. 金融资本 | 1 | 0.552[r,*] | 0.338 | 0.712[r,*] | 0.311 |
| | 2. 物质资本 | | 1 | 0.637[r,*] | 0.698[r,*] | 0.340 |
| | 3. 自然资本 | | | 1 | 0.526[r,*] | 0.515[r] |
| | 4. 人力资本 | | | | 1 | 0.579[r] |

注：r表示显著性相关，相关系数大于0.5；*表示显著性水平低于0.1。

## 2. 因子分析

因子分析是用来描述隐藏在一组测量到的变量中的一些更基本的、但又无法直接测量到的隐性变量（Latent Variable）。从协方差矩阵出发，根据相关性大小将原始变量分组，使同组内的变量之间相关性较高，而不同组变量间的相关性较低。每组变量用一个不可观测的隐性变量表示，称为公共因子，公共因子能够反映原始变量的主要信息。

假设生计资本 X 由 p 个可观测的随机向量组成，即 $X(X_1, X_2, \cdots, X_p)$。F 为生计资本的公共因子集，$F = (F_1, F_2, \cdots, F_m)$（m < P），并满足协方差矩阵 $cov(X) = 1$，即向量 F 的各分量是相互独立的。$\varepsilon$ 是特殊因子，$\varepsilon = (\varepsilon_1, \varepsilon_2, \cdots, \varepsilon_m)$ 与 F 相互独立。因子模型为：

$$X_1 = \alpha_{11}F_1 + \alpha_{12}F_2 + \cdots + \alpha_{1m}F_m + \varepsilon_1$$

$$X_2 = \alpha_{21}F_1 + \alpha_{22}F_2 + \cdots + \alpha_{2m}F_m + \varepsilon_2$$

$$\vdots$$

$$X_p = \alpha_{p1}F_1 + \alpha_{p2}F_2 + \cdots + \alpha_{pm}F_m + \varepsilon_p$$

因子模型的矩阵形式为：$X = AF + \varepsilon$，A 为因子载荷矩阵，即变量与公共因子的相关系数，经过正交旋转得到旋转载荷平方和，即公共因子的方差贡献率，这个值可以作为几个公共因子加权求和的系数。

因子模型是将生计资本观测变量 X 表示为公共因子 F 的线性组合，反过来还可以将公共因子 F 表示为观测变量 X 的线性组合，即为因子得分函数，可以计算得出 $F_i$ 的值：

$$F_i = \beta_{i1}X_1 + \beta_{i2}X_2 + \cdots + \beta_{ip}X_p \quad (i = 1, 2, \cdots, m)$$

其中，$\beta_{ip}$ 为第 i 个公共因子在第 p 个原始观测变量上的得分系数，这个得分系数绝对值的高低可以体现出原始变量对公共因子的影响程度，即测量出对公共因子影响最大的生计资本的类别。

对尼勒克县牧民集体化和承包制时期的金融、人力、物质、自然和社会资本的数据集进行一次因子分析，分别得到代表五类生计资本的公共因子 F，再对公共因子 F 进行二次因子分析，按照公共因子的方差贡献率计算得出体现两个时期农牧民生计情况的综合因子，综合因子越高，说明农牧民的生计资本越丰富，贫困情况越有缓解，并根据其因子得分系数分析两个时期起关键作用的生计资本。

## 二、定性比较分析方法

在新疆伊犁农牧交错带尼勒克县套苏布台村和乌赞村两个案例地，通过半结构化入户访谈、村民集体讨论、政府管理人员访谈、政府统计数据等方式获取数据（见表 4 - 4）。对比了集体化和承包制时期农牧民生计和草场生态情况，生态方面包括资源利用情况的变化，生计方面包括收入和支出情况等，并分析了农牧民代牧与草场退化的联系。

表 4 - 4　田野调查数据获取方法

| 数据 | 方法 |
| --- | --- |
| 家庭数据 | 半结构化入户访谈；参与式观察 |
| 村级数据 | 村领导访谈；村民代表集体讨论；参与式观察 |
| 县/乡级数据 | 县/乡政府、县草原监理局管理人员访谈；政府工作报告；统计数据 |

资料来源：笔者根据实地调研方法整理而得。

此外，本书不仅纵向对比了集体化和承包制时期的生计及生态变化，而且同时横向对比了草场资源利用方式不同的两个村庄之间的生计及生态状况。选择尼勒克县套苏布台村和乌赞村的主要原因是承包制时期套苏布台村采取 8 户 1 组共用草场的资源利用方式，而乌赞村是将草场分到户，单户独立使用。两村分别代表了承包制时期草场共同使用和单户使用两种不同的资源利用形式，便于通过案例调研来比较两种不同资源利用方式下的草场退化情况，为农牧关系影响的探讨增加普适性。

## 第四节　数据定量分析结果

### 一、集体化和承包制时期农牧民 5 种生计资本情况分析

对金融资本、物质资本、自然资本、人力资本和社会资本分别进行一次因子分析，将原始观测变量 X 转变为公共因子 F。其中，金融资本的 4 个原始变量转换为 2 个公共因子（$F_{f1}$，$F_{f2}$），可覆盖 96.8% 的原始变量信息，人均农作物产量、人均贷款数额、人均存款数额与 $F_{f1}$ 密切相关，人均存栏量与 $F_{f2}$ 密切相关；物质资本的 5 个原始变量转变为 1 个公共因子（$F_p$），可覆盖 83.59% 的原始变量信息；自然资本的 4 个原始变量转变为 1 个公共因子（$F_n$），可覆盖 74.74% 的原始变量信息；人力资本的 5 个原始变量转变为 1 个公共

因子（$F_h$），可覆盖 85.46% 的原始变量信息；社会资本的 4 个原始变量转变为 1 个公共因子（$F_s$），可覆盖 84.51% 的原始变量信息（见表 4 - 5）。

表 4 - 5　原始变量载荷系数

| 生计资本 | 原始变量 | $F_{f1}$ | $F_{f2}$ | $F_p$ | $F_n$ | $F_h$ | $F_s$ |
|---|---|---|---|---|---|---|---|
| 金融资本 | 1. 人均存栏量（羊单位） | 0.032 | 0.999 | | | | |
| | 2. 人均农作物产量（吨） | 0.972 | 0.056 | | | | |
| | 3. 人均贷款数额（美元） | 0.976 | 0.006 | | | | |
| | 4. 人均存款数额（美元） | 0.986 | 0.017 | | | | |
| 物质资本 | 1. 农牧固定资产投入（千美元） | | | 0.878 | | | |
| | 2. 农村建房面积（万平方米） | | | 0.889 | | | |
| | 3. 人均农机数量（台） | | | 0.929 | | | |
| | 4. 通自来水村 | | | 0.802 | | | |
| | 5. 水渠修建情况 | | | 0.681 | | | |
| 自然资本 | 1. 人均草场面积（公顷） | | | | 0.78 | | |
| | 2. 人均耕地面积（公顷） | | | | 0.503 | | |
| | 3. 草场植被净初级生产力 NPP | | | | 0.535 | | |
| | 4. 灌溉水利用效率（千克/立方米） | | | | 0.638 | | |
| 人力资本 | 1. 牧业劳动力（人） | | | | | 0.98 | |
| | 2. 农业劳动力（人） | | | | | 0.88 | |
| | 3. 非农牧劳动力（人） | | | | | 0.908 | |
| | 4. 受教育人口（人） | | | | | 0.837 | |
| | 5. 农牧业劳动力配比（%） | | | | | 0.7 | |
| 社会资本 | 1. 农村基尼系数 | | | | | | 0.943 |
| | 2. 干部占总人口比（%） | | | | | | 0.875 |
| | 3. 合作社数量 | | | | | | 0.603 |
| | 4. 农牧合作关系 | | | | | | 0.96 |
| 方差贡献率 | | 71.74 | 25.06 | 83.59 | 74.74 | 85.46 | 84.51 |

资料来源：笔者根据因子公析结果整理而得。

　　将金融公共因子（$F_{f1}$，$F_{f2}$）按照方差贡献率汇总得出综合金融公共因子 $F_f$。在此基础上，比较集体化和承包制时期5个生计资本的公共因子 $F_f$、$F_p$、$F_n$、$F_h$、$F_s$ 的平均值和增长率（见表4-6和图4-2），可以看出，承包制时期的金融资本、物质资本和人力资本值都高于集体化时期，其中金融资本和人力资本的增幅最为明显，但自然资本和社会资本略低于集体化时期。

表4-6　集体化和承包制时期生计资本公共因子的算术平均值

| 生计资本公共因子 | 算术平均值 | |
|---|---|---|
| | 集体化 | 承包制 |
| $F_f$ | 0.534 | 0.683 |
| $F_p$ | 0.670 | 0.981 |
| $F_n$ | 0.931 | 0.721 |
| $F_h$ | 0.788 | 0.949 |
| $F_s$ | 0.918 | 0.424 |

资料来源：笔者根据因子分析结果整理而得。

　　表4-7反映了公共因子 $F_f$、$F_p$、$F_n$、$F_h$、$F_s$ 的得分系数，从表中数据可以看出：

　　（1）金融资本在集体化时期中最大的影响变量是牲畜存栏量，现金资本对牧民生计的影响要小于牲畜实物资本。而到了承包制时期，牲畜存栏量反而成了影响占比最小的变量，实物资本对生计的影响明显下降，存款、贷款等现金资本对牧民生计的影响力大大提高。

　　（2）物质资本中对牧民生计影响最大的变量是农村建房面积、固定资产投资和农机数量等基础设施因素，它们在集体化和承包制

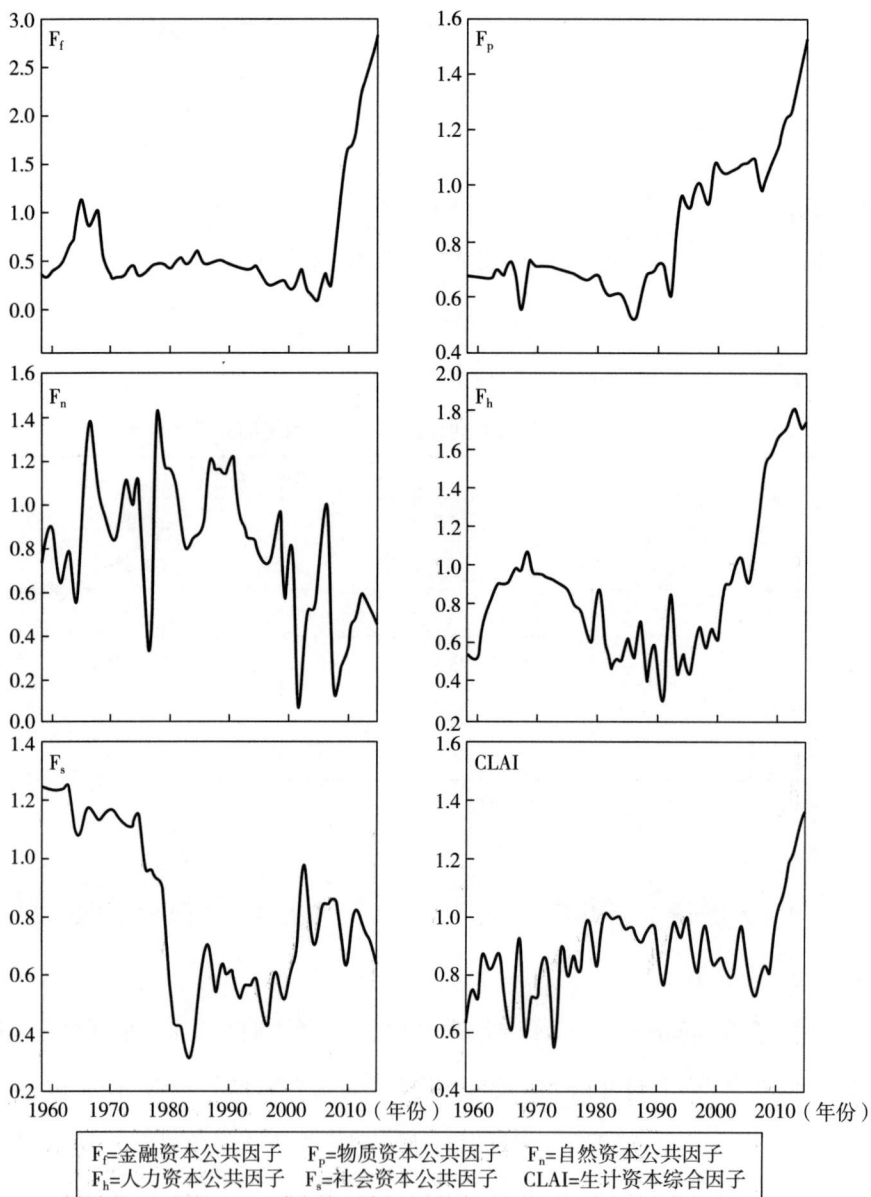

$F_f$=金融资本公共因子　　$F_p$=物质资本公共因子　　$F_n$=自然资本公共因子
$F_h$=人力资本公共因子　　$F_s$=社会资本公共因子　　CLAI=生计资本综合因子

**图 4-2　集体化和承包制时期生计资本年际变化趋势**

资料来源：笔者根据因子分析结果绘制。

### 表4-7　生计资本公共因子的得分系数　　　　　　单位:%

| 生计资本 | 原始变量 | $F_f$ | | $F_p$ | | $F_n$ | | $F_h$ | | $F_s$ | |
|---|---|---|---|---|---|---|---|---|---|---|---|
| | | C | H | | | | | | | | |
| 金融资本 | 1. 人均存栏量（羊单位） | 61.6 | 19.6 | | | | | | | | |
| | 2. 人均农作物产量（吨） | 38.4 | 20.4 | | | | | | | | |
| | 3. 人均农作物产量（吨） | 0 | 30.7 | | | | | | | | |
| | 4. 人均贷款数额（美元） | 1.0 | 29.3 | | | | | | | | |
| 物质资本 | | | | C | H | | | | | | |
| | 1. 农牧固定资产投入（千美元） | | | 25.5 | 21.3 | | | | | | |
| | 2. 农村建房面积（万平方米） | | | 27.1 | 21.9 | | | | | | |
| | 3. 人均农机数量（台） | | | 23.3 | 21.3 | | | | | | |
| | 4. 通自来水村 | | | 0 | 16.6 | | | | | | |
| | 5. 水渠修建情况 | | | 24.1 | 19.0 | | | | | | |
| 自然资本 | | | | | | C | H | | | | |
| | 1. 人均草场面积（公顷） | | | | | 31.6 | 33.7 | | | | |
| | 2. 人均耕地面积（公顷） | | | | | 20.5 | 21.0 | | | | |
| | 3. 草场植被净初级生产力 NPP | | | | | 22.5 | 19.4 | | | | |
| | 4. 灌溉水利用效率（千克/立方米） | | | | | 25.4 | 25.9 | | | | |
| 人力资本 | | | | | | | | C | H | | |
| | 1. 牧业劳动力（人） | | | | | | | 21.0 | 17.6 | | |
| | 2. 农业劳动力（人） | | | | | | | 22.6 | 16.6 | | |
| | 3. 非农牧劳动力（人） | | | | | | | 13.1 | 15.1 | | |
| | 4. 受教育人口（人） | | | | | | | 18.7 | 25.4 | | |
| | 5. 农牧业劳动力配比（%） | | | | | | | 24.6 | 25.3 | | |
| 社会资本 | | | | | | | | | | C | H |
| | 1. 农村基尼系数 | | | | | | | | | 24.0 | 26.8 |
| | 2. 干部占总人口比（%） | | | | | | | | | 25.4 | 25.9 |
| | 3. 合作社数量 | | | | | | | | | 25.8 | 25.0 |
| | 4. 农牧合作关系 | | | | | | | | | 24.8 | 22.3 |

注：C 为 collective 集体化时期，H 为 household 承包制时期。

资料来源：笔者根据因子分析结果整理而得。

时期影响力的变化不大。水渠和自来水对牧民生计的影响在承包制时期有所加大，它们对灌溉农业的发展起了积极作用。

（3）自然资本中，集体化和承包制时期都是草场面积对生计的影响最大。

（4）人力资本中牧民受教育程度在承包制时期的影响力比集体化时期有了明显提高，而劳动力人数的影响力则有所下降。非农牧劳动力对牧民生计的影响一直较小，而农牧业劳动力配比一直是农牧业生产中人力资本的关键因素。

（5）社会资本在集体化时期影响力较大的是干部占总人口比，到了承包制时期，贫富差距变成了牧民生计的主要影响因素，而农牧合作关系在集体化和承包制时期一直对生计资本有较大的影响。

## 二、集体化和承包制时期农牧民生计资本综合变化

对金融资本、物质资本、自然资本、人力资本和社会资本公共因子进行二次因子分析，将公共因子 $F_f$、$F_p$、$F_n$、$F_h$、$F_s$ 转变为 1 个生计资本综合因子 CLAI，表 4-8 中的载荷系数值代表综合因子 CLAI 分别对 5 个生计资本公共因子的方差贡献率，可覆盖 5 个生计资本公共因子 76.61% 的变量信息。

表 4-8　综合因子 CLAI 的载荷系数

| 生计资本公共因子 | CLAI 载荷系数 |
| --- | --- |
| $F_f$ | 0.613 |
| $F_p$ | 0.859 |

| 生计资本公共因子 | CLAI 载荷系数 |
|:---:|:---:|
| $F_n$ | 0.539 |
| $F_h$ | 0.892 |
| $F_s$ | 0.928 |
| 方差贡献率（%） | 76.61 |

资料来源：笔者根据因子分析结果整理而得。

比较集体化和承包制时期的综合因子算术平均值（见表 4－9），集体化时期的平均值为 0.808，而承包制时期的平均值为 0.944。可见承包制时期农牧民生计资本比集体化时期有明显增加，农牧民生活水平普遍提高。从得分系数来看（见表 4－10 和图 4－3），集体化时期对牧民生计影响较大的是自然资本，但承包制时期自然资本对牧民生计的影响明显弱化，金融资本和物质资本的影响逐渐增加。结合农牧民生计资本分析结果可以看出，在承包制时期农牧民积累了更多的金融资本和物质资本，但自然资本、社会资本大幅减少，造成草场退化，加剧贫富分化和破坏农牧民之间互惠合作的社会关系，不利于农牧交错带的可持续发展和社会稳定。

**表 4－9 集体化和承包制时期 CLAI 算术平均值**

| 时期 | 算术平均值 |
|:---:|:---:|
| 集体化 | 0.808 |
| 承包制 | 0.944 |

资料来源：笔者根据因子分析结果整理而得。

表 4 – 10　CLAI 得分系数

| 生计资本公共因子 | CLAI 得分系数占比（%） | |
| --- | --- | --- |
| | 集体化 | 承包制 |
| $F_f$ | 17.53 | 24.62 |
| $F_p$ | 19.81 | 22.90 |
| $F_n$ | 24.65 | 15.15 |
| $F_h$ | 18.37 | 19.66 |
| $F_s$ | 19.64 | 17.67 |

注：C 为 collective 集体化时期，H 为 household 承包制时期。
资料来源：笔者根据因子分析结果整理而得。

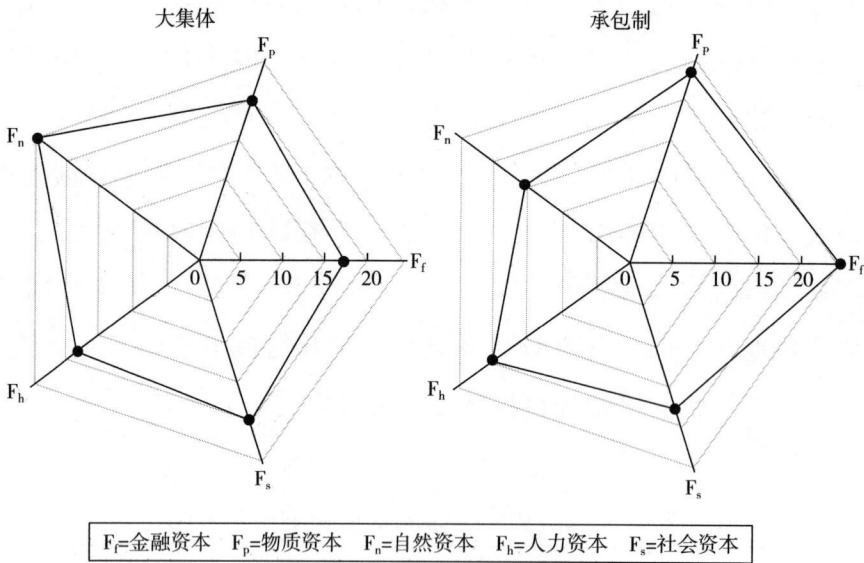

$F_f$=金融资本　$F_p$=物质资本　$F_n$=自然资本　$F_h$=人力资本　$F_s$=社会资本

图 4 – 3　集体化和承包制时期五种生计资本的影响

资料来源：笔者根据因子分析结果绘制。

# 第五节　访谈定性分析结果

## 一、家庭主要收入支出组成

在承包制时期，单个家庭平均收入有了显著提高。两村牧民和农民家庭的主要收入来源都是卖牲畜。调研数据显示，在套苏布台村和乌赞村，卖牲畜收入在总收入中的占比分别为 66% 和 72%。其他收入来源包括租草场、代牧、卖牲畜产品如奶制品和羊毛，政府补贴和打工等（见图 4 - 4）。只有 1 户乌赞村的农民家庭主要收入来源是农业，该家庭租入 360 亩耕地种植红花，因此收入比种植传统农作物如小麦、玉米等要高很多。对大部分家庭来说，农田的面积过小和传统农作物的价格过低造成他们无法单靠农业维持生计。52% 的家庭拥有牲畜数量少于 50 只，其中有 3 个家庭是无畜户，他们已经把草场租给别人使用。家庭牲畜规模主要受劳动力数量和家庭突发事件（如家庭成员结婚或突发疾病，需要卖掉大量牲畜换取现金）的影响，家庭主要支出中占比最高的是生活支出（52%），包括婚礼和医药费等，生产支出约占总支出的 48%，其中畜牧业生产支出，如购买饲草料、代牧费和租草场费要远高于农业生产支出（见图 4 - 4）。在 2010 年左右金融资本有较大幅度的提升，主要原因是政府主导的牧民定居工程的实施，鼓励牧民集中建房和牲畜棚圈。除政府补贴之外，大部分牧民家庭为了支付房屋建设的费用，

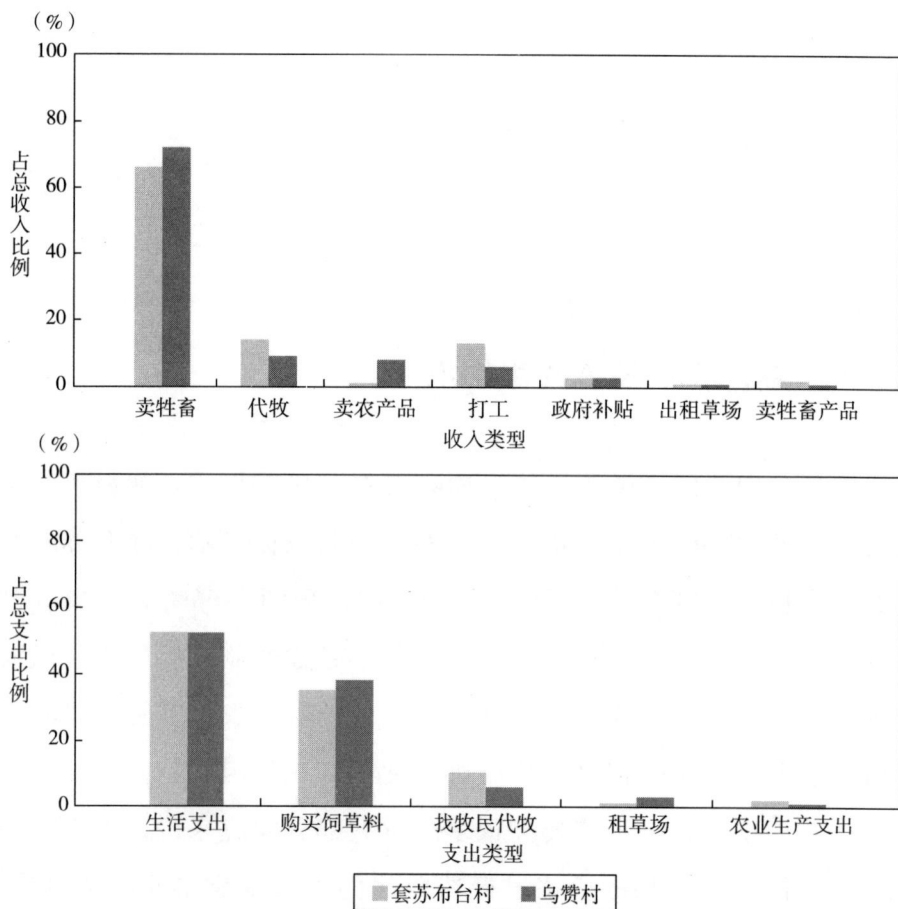

**图 4-4 套苏布台村和乌赞村收入支出组成**

资料来源：笔者根据田野调查数据绘制。

开始向银行贷款。而冬季牲畜舍饲圈养后，需要购买大量饲草料，这也成了牧民此后每年都要贷款的主要原因。单户经营和定居工程也促进了生产基础设施和小学的建设，增加了受教育劳动力的数量，因此物质资本和人力资本也在持续增加。

## 二、草场退化与农牧民代牧交易

在访谈中，牧民普遍认为最突出的问题就是天然草场大面积退化和社区互惠合作关系明显减弱。所有访谈对象都认为草场在承包制时期出现明显退化，优质牧草高度和覆盖度都大幅减少，同时杂草数量变多。71%的受访者认为，退化最严重的草场是离定居点最近的春秋草场。草场退化的一部分原因是土地利用方式从集体化时期的集体合作使用转变为承包制时期的家庭承包使用，分到家庭的草场绝对面积过小，牲畜的移动范围受限，而牲畜数量大幅增加，牲畜过度采食和践踏造成草场退化。而与内蒙古等地的纯牧区不同的是，在本书农牧交错带的案例地有超过半数的受访者认为草场退化的一大原因是农牧民之间的代牧交易，造成草场既要承载牧民的牲畜，又要承载农民的牲畜，最终结果是草场超载过牧。

农牧民之间的代牧关系指的是少畜牧户或无畜牧户以一定的价格在春夏秋三季将农民的牲畜带到自己的草场上放牧。在乌赞村，因为村内既有农户又有牧户，因此本村牧民帮农民代牧的现象比较普遍。由于玉米、小麦等传统作物的价格很低，农户仅靠种植农产品很难维持生计，因此大部分农户都要靠养牲畜为生。另外，在2014年发生旱灾后，当年的饲草料供不应求，价格飞涨，第二年政府就开始通过发放草籽等方式鼓励农民在农田改种饲草，以便增加市场上的饲草供给。但这一年的降雨量相对充足，饲草由于供大于求导致价格很低，很多农民不想亏本卖掉饲草，就选择将其留作自己牲畜的饲草料，这进一步促使农民扩大自己的牲畜规模，导致农民找牧民代牧的需求日益增加，草场承载了更多农民的牲畜。在套苏布台村，采取8户1组共用草场的模式，但实际上共用草场通常被组内养畜大户占据，组内少畜户和无畜户虽然也拥有草场使用权，但由于牲畜数量过少，没有能力充分利用草场，也得不到大户的任何补偿。因此，他们除了想通过代牧来维持生计外，还想代牧更多的牲畜到共用草场，以便充分利用草场获取经济利益。套苏布台村共用草场的模式导致牧民代牧的比例更高，又加剧了草场超载过牧。因此，两村草场都出现了严重退化，其中套苏布台村的草场退化现象更为严重。

总结田野调查中受访牧民关于代牧现象的论述，我们发现以下几点：

（1）草场承包利用后，单个家庭的养畜支出增加，如转场和围栏费用，生活支出也增加了，这就需要牧民家庭饲养更多的牲畜来维持生计。但一些家庭遇到特殊情况如筹办婚礼或治病等，不得不卖掉所有的牲畜，而他们短时间内不可能靠自己的力量恢复畜群规模，因此无法依靠养牲畜来维持生计，这些牧民需要寻求其他的收入来源来维持生计，例如代牧。

（2）农民也普遍以养牲畜为生，他们的牲畜在冬季舍饲圈养，农田的副产品如农作物秸秆等可以作为冬季饲草料，春夏秋三季找牧民帮忙在他们的草场上代牧牲畜。2015年的平均代牧价格是15元·羊/月和100元/牛·月。由于单个牲畜的代牧价格很低，然而牲畜转场费用及代牧牲畜出现疾病、丢失或死亡的赔偿金额相对较高，牧民通常要代牧300～500只羊才能获利，这远远超过了他们草场的核定载畜量和实际承载力。大部分牧民家庭没有能力将草场全部设置围栏，且夏草场在山坡上难以设置围栏，这些被代牧户带到草场上放牧的农民牲畜破坏了其他牧户的草场，造成牧户之间的冲突。

（3）既缺乏传统部落权威的非正式社区管理机制，又没有人民公社时期的国家正式管理机制，村集体层面没有权力对在自己和其他人草场上过度放牧的牧户进行惩罚，县草原管理部门的监督和惩罚机制又很难覆盖到每个村，因此很多牧户虽然不赞同代牧，却没有能力改变现状。

# 第六节　本章小结

从定量分析结果来看，通过对集体化和承包制时期生计资本的比较，发现在承包制时期农牧民积累了更多的金融资本和物质资本，但却是以牺牲自然资源为代价，草场退化、贫富分化加剧和农牧民之间互惠合作的社会关系遭到了破坏。

从定性分析结果来看，承包制时期农牧民收入水平有所提高，但是案例地草场出现了大面积退化，特别是距离定居点更近的春秋草场退化严重。退化的一大原因是农牧民之间产生的代牧交易关系。承包制时期的家庭单户经营把农牧合作的范围从群体尺度下降到个体尺度，随之而来的就是传统农牧民互惠互助的社会关系被打破。当牧民家庭遭受自然灾害或家庭变故之后，缺乏系统外的帮助会造成恢复周期变长，特别是家庭丧失了基础母畜后，就相当于失去了自我恢复的能力，只能靠给别人打工积累资金，从零开始再养牲畜，代牧是这些少畜户和无畜户维持生计的主要方式。同时，承包制时期的单户生产模式下农牧分工合作消失，农民家庭无法从牧民家庭获得畜产品，农产品的利润太低，农民的牲畜从 1990 年左右开始增加，2006 年之后农业税取消，农民有了更多的资金积累，普遍开始从事畜牧业，以养畜为生。2014 年旱灾后，政府鼓励农民在农田种植饲草，给牧民抗灾提供饲草料。但饲草价格不稳定，第二年饲草价格大幅下跌，很多农民认为把饲草卖给牧民不划算，不如自己留下做饲草料，和秸秆等混合在一起作为冬季舍饲圈养的草料。由此，农民的牲畜数量进一步增加。而农民没有草场，除冬天舍饲外，春夏秋三季会找牧民在草场上代养自己的牲畜，这造成了代牧现象普遍，草场超载过牧，引起草场退化。

# 第五章 集体化时期的农牧关系机理分析

第五章和第六章为案例分析，分别对伊犁农牧交错带尼勒克县集体化和承包制两个时期的农牧关系进行描述和机理分析。其中，第五章分析集体化时期农牧关系的运行机理。基于农牧关系的影响机理分析框架，在案例调查描述的基础上，分析农民、牧民的个体行为选择形成的内部规则和国家正式制度影响下的外部规则之间的互动关系，进而在分析资源利用方式和农牧民个体行动的基础上分析农牧关系的交易成本和生态成本，探讨大集体时期的农牧关系的运行结果，包括农牧民获得的经济利益和对草场生态的影响。

## 第一节 集体化时期的农牧关系

### 一、套苏布台村

套苏布台村自古以来就是哈萨克部落的草场所在地，1949 年前一共约有 60~70 户牧民，20 户有牲畜，每户 200~1500 只羊，其中 4~5 户是富裕户，牲畜 100 只以下的就算贫困户。

集体化时代开始后，整个村是 1 个大队，分成 3 个小队，其中 2 个农业小队，1 个畜牧小队。整个大队一共 120 户，其中农业小队 70 户，畜牧小队 50 户，管 30 个棚圈，负责放牧牲畜。棚圈分为养羊、牛、马、山羊、小畜和病弱畜 5 种棚圈。

表 5-1　集体化时期套苏布台村棚圈分配

| 牲畜种类 | 牲畜数量 |
| --- | --- |
| 羊 | 羊圈 5 个，200~300 羊/圈×5 = 1000~1500 只羊 |
| 牛 | 牛圈 5 个，100 牛/圈×5 = 500 头牛 |
| 马 | 马圈 10 个，共 3500 匹马 |
| 山羊 | 山羊圈 7 个，共 2000 只山羊 |
| 小畜和病弱畜 | 小畜圈 2~3 个，大于 1000 只 |

资料来源：笔者根据田野调查数据整理而得。

每个棚圈配 1 头奶牛供日常喝牛奶。每 2~3 户负责一个棚圈，1 户主要放牧，另 1~2 户帮忙扫雪、挤奶等工作。打草季从 50 户中抽调 20~30 个年轻人打草。

套苏布台村集体化时期的草场分布如图 5-1 所示，牲畜每年 1~3 月在冬草场，冬草场距村定居点 200 千米远，需要开车走两天才能到；4~6 月在春秋草场，距村定居点 4.5 千米远（当时的春秋草场 1973 年已经划给别的村，现在的春秋草场是当时夏草场的一部分）；7~10 月在夏草场，距村定居点 50 千米远，需要开车走半天；11~12 月还回到春秋草场。牲畜转场需要耗费大量人力、物力，这时牧业小队特别需要大家一起合作，所有牲畜都尽量集中起来一起转场。

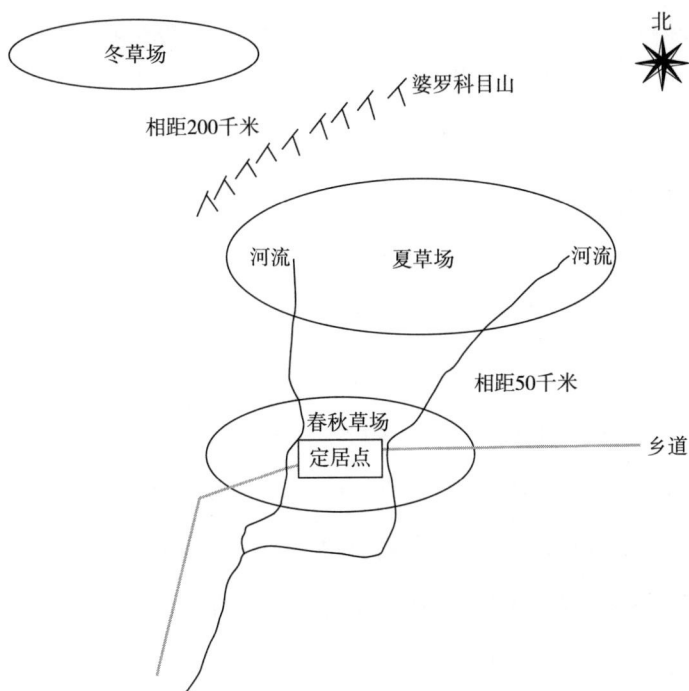

**图 5 – 1　集体化时期套苏布台村草场分布示意图**

资料来源：笔者根据田野调查结果绘制而得。

套苏布台村的农业小队是集体化开始后才划分出来的，划分依据主要是有年轻劳动力的户成为牧业小队，其余成为农业小队。农业小队全年都在进行开垦耕地及农业生产的劳动，在秋季会将秸秆提供给牧业小队。每年到了年底，牧业小队将养牲畜的畜产品交给大队，农业小队也将收获交给大队，再由大队按比例给农业小队和牧业小队分配农牧产品。所有工作都挣工分。一般家庭挣 10 工分/天，超过 1000 工分/年。按工分换成钱，劳力多的家庭挣 2 元/天，一般家庭 1 元/天，贫困家庭 0.5～0.6 元/天，日常吃的大羊价格 18 元/只，小羊和山羊 8 元/只，每年挣的钱减去吃的钱，一般家庭能赚 200～1000 元，但也有个别贫困户负债，负债的原因主要是家庭劳动力不足，挣的工分不够多，无法维持自己的生活。

## 二、乌赞村

1952 年前，乌赞村实行的是哈萨克族群的部落公有制，草场和牲畜所有权归各个部落所有，部落里的牧民作为一个整体互相依附和生存。1952 年土地改革将草场转变为集体所有。1952～1968 年，组建农牧混合小组合作社，一般 20～30 户为 1 组，一起养牲畜和种植小麦，一般有牲畜的富户作为棚圈主负责放牧，贫困户负责农业劳动。1968 年，富户的牲畜被没收归集体所有，建立人民公社。同年，政府没收了富户的马，建立马场，供军队运输使用。1968～1984 年，乌赞村正式进入集体化时代，按照之前混合小组合作社的分工划分了 1 个农业小队和 1 个牧业小队，每个人由小队长进行劳动分工，工作很多很累，收入也很有限。乌赞村集体化时期的草场分布如图 5－2 所示，定居点分布在乡道两旁，春秋草场和冬草场距定居点较近，夏草场在山上，相对距离较远，因此从春秋草场向夏草场转场也需要牧业小队成员共同合作。

1978～1983 年集体化向承包制过渡的时期，乌赞村实行过铁畜制度。每个有棚圈的牧民从大队领一定数量的羊，第二年大羊全部返还，小羊上交 40%，剩下 60% 抵销草料费、药浴费等，可以自己保留。1984 年有 11 户积累了 30～80 只私畜，在分草场时也计算在内。这种制度在一定程度上提高了牧民的生产积极性。

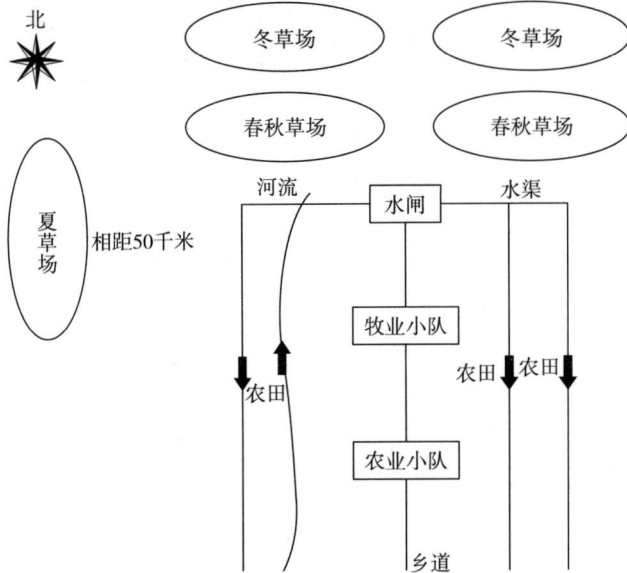

**图5－2 集体化时期乌赞村草场分布示意图**

资料来源：笔者根据田野调查结果绘制而得。

# 第二节 集体化时期农牧关系的形成机制分析

## 一、牧民生产内部规则与集体化外部规则相符

哈萨克族牧民自古以来就是以部落为单位在草场上合群放牧的，在这样的生产模式中，牧民群体进而形成了一定的生产内部规则。牧民以部落为单位以集体放牧形式进行生产，使用有一定范围的共有草场，并有固定的放牧范围和边界，在相对固定的范围内，每户

牧民各自从事打草割草、修建棚圈等工作。在放牧牲畜时有互助合作的习惯。传统上的互助合作大多数是以亲友、家族关系为基础的，规模较小，大体来说是互惠互利的。

在中华人民共和国成立之前，草场和牲畜所有权归各个部落所有，每户牧民放牧牲畜所获得的利益要上缴给牧主和部落首领，部落里牧民作为一个整体互相依附和生存。到了中华人民共和国成立后的土地改革时期，国家推行公有制，土地改革把草场所有权从封建统治阶级手中让渡到了广大游牧人民手中，草场归全体牧民集体公有，牧民对自己占有的草场可以全面行使占有、使用和处分的权利，使每户牧民放牧牲畜所获得的收入归自己所有，形成了自主经营的内部规则，草场所有权的公有制使牧民的生产高涨的热情，草原畜牧业发展迅速。

在现代化意识的启发下，以家庭为核心的小农经济被认为是中国农民贫困的根源，无法使中国步入现代化。国家认为农民有组织起来的积极性，于是在全国采取行政的方式推行合作化。1958 年尼勒克县建起了人民公社，实行统一经营，牲畜入社，并逐步推行生产资料公有化，这可以看作是由国家政府制定的外部规则。牧业合作社实行草场统一管理使用，劳动力统一调配，牲畜分群饲养。集体化时期牧业生产合作社的生产关系跟之前相比发生了深刻的变化，从生产资料私有制为基础的个体经济，变成了以劳动群众部分集体所有制为基础的集体经济。然而，集体化时期的人民公社制度虽然针对牲畜和草场进行了根本上的生产关系改革，但并没有对牧业生产千百年沿用的生产方式进行改革。即集体化时期的外部规则在生产方式上继承了牧民传统的内部规则，共用草场、四季游牧，以及牧民群体的互助合作仍然是牧民群体内部共同遵循的生产规则。而在经营方式上则遵循人民公社制度，转变为农牧产品上交集体统一分配，形成了既有牧民传统社会文化继承的生产规则，又有外部国家制度新增的经营规则相结合的集体化外部规则。

套苏布台村前大队长克孜尔别克：套苏布台村的哈萨克牧民在中华人民共和国成立前就一直在这里游牧，草场全都属于哈萨克部落。1949 年前游牧民一共有 60～70 户，每户 200～1500 只羊，其中 4～5 户富裕，100 只以下牲畜的户就算贫困户。1958 年后的集体化时期，整个村是 1 个大队，牧民被分成 3 个小队，其中 2 个农业小队，1 个畜牧小队，畜牧小队有 30 户，管 30 个棚圈。畜牧小队成员在草场上将牲畜按种类合群放牧，大家轮流看管牲畜，到了冬天需要进棚圈的时候，再各自带回自己的棚圈中喂饲草料。

因此，可以看到无论草场所有权归谁所有，牧民群体出于节约劳力、防灾护畜、转移草场、割储牧草、副业生产等牧业生产活动的实际需要，历来都是共用草场资源、合群放牧的，这是牧民自发形成的符合畜牧业生产规律和草场资源特点的生产内部规则。但在集体化时期，虽然国家使用行政手段全面推行公有化，造成了生产关系发生了根本变化，原本符合自主经营，满足个体利益最大化的经营内部规则被集体化统一分配的外部规则所取代，削弱了牧民群体的生产积极性。总之，集体化的外部规则一直以来与牧民草场共用，合群放牧的生产内部规则没有发生冲突，在畜牧业生产上牧民个体行动的自发秩序和国家外部的外生秩序是相互协调的，但在经营方式上，生产资料公有制，统一劳动、统一分配的外部规则限制了牧民个体行动，牧民群体没有自主选择生计方式和个体交易的自由。

## 二、集体化外部规则在农民群体推广

与中国农区世世代代以农业为生的广大农民不同的是，历史上在尼勒克县生活的原住民就是游牧民族，农民群体随着封建王朝后期推行屯垦戍边时才开始出现，且农田面积和农业生产规模都很小。而案例点套苏布台村和乌赞村原本都是纯牧业村，农民是集体化时代才作为农业小队成员被人为划分出来的。在集体化时期，天然放牧被认为是靠天养畜，无法人为控制的生产劳动，而与之相反的是农业生产被认为可以充分发挥人们的主观能动性，因此这一时期政府大力推广农业生产，开垦了大量农田。1958 年人民公社制度开始实施后，一个村作为一个大队，被分成 2 ~ 3 个牧业小队和农业小队。两村牧民家庭的牲畜都上交给集体所有。按照劳动分工，属于农业小队的劳动力开始负责开垦耕地、修建水渠和种植小麦、玉米等农作物。在集体化时期，农业属于一个增量行业，对牧业没有产生替代关系。

乌赞村农民哈得力：集体化时期，乌赞村的牧民被划分为 1 个牧业小队和 1 个公社小队，牧业队负责放牧牲畜，公社队则负责农业劳动。乌赞村沿用至今的 3 条水渠都是集体化时期公社队的青壮年合力挖的，从乌赞河引水，当时是土渠，现在已经加固成了防渗渠。

案例地套苏布台村和乌赞村的农民一开始就是在集体化时期国家外部规则引导下出现的群体，农民的生产劳动完全由公社统一安排，农业产品也由公社集体统一经营和分配，农民个体直接遵守集体化的生产和经营外部规则，共同利用耕地资源和水资源，共同生产，统一劳动，统一分配。在这种情况下，农民也没有自主选择经营方式的自由，无法进行个体交易，只能遵循人民公社的管理，获得有限的收入。

## 三、集体化时期农牧关系的形成机制分析

通过以上的分析可知，从生产方式的角度来看，集体化时期国家的外部规则和牧民的内部规则相符合，形成了以牧民的生产内部规则为主导的社会秩序。一方面，游牧民族自古以来就形成了以部落为单位共用草场、合群放牧、互助合作的生产方式，这种方式既节约劳动力，又能持续利用草场资源，获得畜牧业收益。牧民群体内部规则的产生就来自这样的传统，牧民之间传统的社会文化关系最终形成了一般规则，即牧民自发形成的内部规则。另一方面，国家在集体化时期通过行政手段推行人民公社制度，在生产方式方面继承了牧民的社会传统和草场利用方式，在生产关系方面改变为国家强制的草场和牲畜归集体所有，收益由集体统一分配，两方面共同形成了集体化外部规则。在该外部规则指导下，牧业小队的牧民作为一个集体共同使用草场，并且把牲畜按照种类合群放牧，牧业小队成员分工合作，共同完成放牧、打草、修建棚圈等畜牧业的生产劳动。从生产方式上来看，集体化的外部规则并没有改变牧民自发形成的内部规则，两者之间是相互符合的，外部规则的实施没有破坏牧民生产的一般规律，有利于草场资源有效利用和牧民获取最大化收益。然而从经营方式的角度看，牧民获取的畜牧业收益需要全部上缴给公社集体，再由集体按照一定的原则进行统一分配，这与牧民自主选择经营方式，获得畜牧业

生产收益的传统是相冲突的，削弱了牧民的生产积极性，造成了个体行动效率的降低。

和中国内地以农业为主的地区不同，农民在农牧交错带的社会秩序中一直是弱势群体，中华人民共和国成立前是在国家屯垦戍边政策引导下的外来移民，集体化时期国家大力发展农业，很多原本的牧民转变为农民，农民人口逐渐增加。因此，农牧交错带的农民一直是在国家政治的政策指导下进行生产的，遵循国家的内部规则。在集体化时期，国家推行人民公社制度，公有制的外部规则指导农民形成共用农田，共同进行农业劳动的集体生产方式，农业收益全部上缴公社，再由集体统一对农业和畜牧业产出进行分配。对于农民来说，以集体为单位从事农业劳动并通过公社的统一分配获得牲畜产品，在这样的外部规则指导下形成的社会秩序也无法发挥农民的生产积极性，降低了农牧民个体生产效率（见图5-3）。

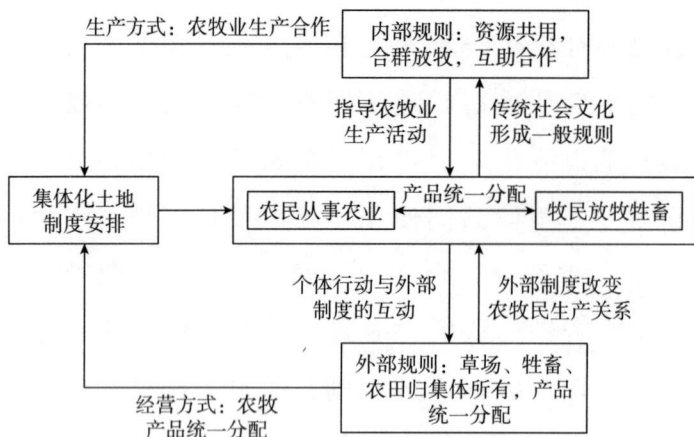

图5-3　集体化时期农牧关系的形成机制

资料来源：笔者根据理论分析框架结合分析结果绘制。

总之，在集体化外部规则的实施下，草场、农田共用和集体生产的生产方式与牧民的生产内部规则相一致，草场共用、集体生产和互助合作。但在经营方式上，集体化要求统一安排生产，农牧产品由公社统一分配，这种管理方式削弱了个体的生产积极性，造成了个体行动的低效率。在集体化后期，国家也在尝试促进制度创新，改造外部规则的产品分配方式，从而使外部规则的运行效率提高。

# 第三节　集体化时期农牧关系的运行结果分析

## 一、集体化时期的草场制度安排

1954 年的《中华人民共和国宪法》规定："矿藏、水流，由法律规定为国有的森林、荒地和其他资源，都属于全民所有。"草场被包括在荒地和其他资源中，草场资源在集体化时期表现为民族公有，但把草场划分给生产合作社，由集体统一经营。1962 年的《农村人民公社工作条例修正草案》（人民公社六十条）规定："集体所有的山林、水面和草原，凡是归生产队所有比较有利的，都归生产队所有。""土地、牲畜、农具、山林、水面、草原的所有权和经营权，经过社员大会或者社员代表大会讨论同意，定下来以后，长期不变。"1963 年中央批转的《关于少数民族牧业区工作和牧业区人民公社若干政策的规定》中，规定"草场长期固定给人民公社、合作社、国营牧场和公私合营牧场使用"。在 1958 年集体化开始之后，牧民个体不能对草场行使占有、使用、收益和处置的权利，这些权利全部都归人民公社和生产队所有。

因此，集体化时期的草场制度安排中，草场所有权属于集体所有，草场经营使用权固定给人民公社，由牧业小队统一经营畜牧业，是典型的集体经济，草场属于完全集体共用的。实际上这一时期没有明确草场所有权者和使用权者，草场被视为荒地，占用和开垦草原发展农业的现象比较普遍。

草场共用导致了草场在实际使用时的主体不明确，微观经济主体缺位，因此缺乏有效的激励机制。牧业队的全体牧民虽然在理论上都有共享资源和获取利益的权利，但是无法界定哪一部分资源属于自己，草场资源的价值难以归属到集体成员身上，牧民进行畜牧业生产的收益不能直接归个人所有，而是由集体统一分配，既增加了集体的行政管理成本，又造成牧民对经济利益的追求无法得到满足，削弱了牧民生产劳动和创新的积极性。

## 二、集体化时期的农牧关系特点

### 1. 草场资源利用方式

草场资源共用，牧民以集体为单位共同生产，收益统一分配，因此草场资源在使用时是非排他的。但草场的使用权并没有平均分配给牧民个体，而是保持公社集体所有，因此草场在利用时不会产生冲突，草场利用的外部性并没有体现。集体化时期遵循牧民的内部规则，将草场作为一个集体使用，在春秋、冬、夏草场三季游牧，草场的经营收益也归集体所有，再由集体分配给农民和牧民个体。

### 2. 农牧民个体行动

在人民公社的统一管理下，农牧民个体之间是同质化的，牧民集体进行畜牧业生产，牲畜合群放牧，农民集体进行农业生产。农民和牧民各自利用草场和耕地资源进行生产，获得的农牧产品收益上缴给集体，再由集体按照一定的规则统一分配。牧民在放牧牲畜时互助合作，遵循长期以来形成的放牧传统知识和社会规范。农产品和牲畜由公社统一分配，农牧民个体之间几乎没有收入差距。集体化时期农牧民普遍收入较低，农业和畜牧业收益不直接归个体所有，导致农牧民的生产积极性不高。集体化时期牧业小队的牲畜规模普遍较小，没有造成草场过度利用。这一时期的牧民在畜牧业生产中注重传统知识的传承，对草场资源的认知和了解来自集体中的权威，牧民之间相互合作，由非正式的社会规范指导和支配牧民的放牧生产活动。在国家计划经济体制下，农牧民不能自主生产，追求利益最大化的特点没有体现。

## 三、集体化的农牧关系运行结果

在集体化时期，农牧民之间形成了利用自然资源进行集体生产和农牧产品统一分配的农牧关系。在人民公社制度下，农牧民的生产劳动和收益分配完全由人民公社和生产队统一安排，农牧民各自从事农业和畜牧业生产劳动。在集体化制度下市场机制的缺失造成个体之间难以形成资源交易关系，可以认为是由于交易成本非常大，因此农牧民之间的资源交易不能达成，无法通过市场机制来实现资源优化配置。计划经济体制下集体的行政管理成本急剧上升，完全由人民公社安排农牧民每天的劳动分工，组织和监督农牧民个体的生产劳动，制定农牧产品收益的分配方案、记录每户所得工分以及对产品进行分配，导致管理成本大幅增加。人民公社自上而下全权管理忽略了集体的有限理性以及个体生产需求多样化的问题，更为重要的是忽略了农牧民追求自身利益最大化的特点。由于政府自上而下的管理和缺乏市场竞争机制，导致农牧关系的交易成本过大，无法通过市场交易使农牧民获得较高的经济收益。

另外，集体化的农牧关系秩序在草场利用上符合畜牧业生产规律，草场资源由牧民群体共同利用，合群放牧，以集体为单位共同生产，资源利用没有发生冲突，草场利用也不存在外部性问题，因此生态成本较小，对草场资源造成的影响较小（见图5－4）。

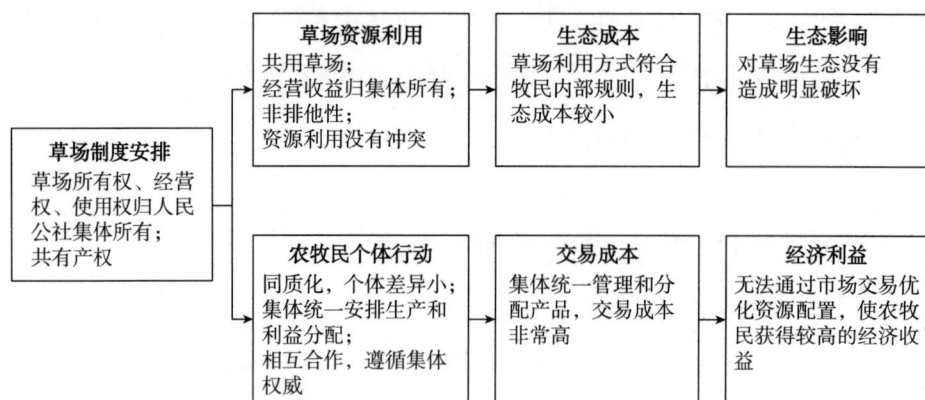

图5－4　集体化时期的农牧关系的运行结果

资料来源：笔者根据理论分析框架结合分析结果绘制。

# 第四节 本章小结

本章基于农牧关系的影响机理分析框架，对集体化时期的农牧关系的形成机制和运行结果进行了分析。

在集体化时期，牧民共用草场、群体合作的生产内部规则起主导作用，集体化的外部规则在生产方式上与牧民的生产内部规则相符合，因此没有对牧民的畜牧业生产活动产生负面影响。而农牧交错带的农民都是外来移民，是在国家外部规则引导下才出现的群体，集体化时期农民的生产劳动完全由政府自上而下统一管理，农民直接遵守集体化的外部规则。而在经营方式方面，集体化外部规则下，由人民公社统一安排生产，统一劳动，农牧产品统一分配，个体不能自主选择经营方式和获得农牧产品收益，这影响了农牧民的生产积极性，造成了集体化时的个体生产效率较低（见表5-2）。

**表5-2 集体化时期农牧关系的形成机制**

| | 牧民内部规则 | 农民内部规则 | 国家外部规则 | 农牧关系 |
|---|---|---|---|---|
| 集体化时期 | 草场共用，合群放牧，互助合作 | 直接遵循集体化外部规则 | 生产资料共有，统一劳动，统一分配产品 | 农牧民在集体统一安排下生产和分配 |

资料来源：笔者根据理论分析框架结合分析结果整理而得。

在集体化时期，草场所有权、经营权、使用权归人民公社集体所有，是完全的共有产权。牧民以集体为单位共用草场资源，在使用时是非排他的，草场的经营收益也归公社集体所有，草场利用时没有冲突，草场利用的外部性没有体现。农牧民个体同质化，牧民共同从事畜牧业，农民共同从事农业，收益由集体统一分配，个体之间收入差距不大，牧民在畜牧业生产上互助合作，农牧民个体之间没有市场交易。在这一时期，由于集体统一组织、管理生产和分配农牧产品，且市场机制缺失，交易成本非常大，农牧民之间不能形成个体交易，无法获得较高的经济收益，但生态成本较小，没有对草场资源造成明显破坏（见表5-3）。

表5-3　集体化时期农牧关系的运行结果

| | 交易成本 | 生态成本 | 经济和生态结果 |
|---|---|---|---|
| 集体化时期 | 集体统一管理和分配产品的行政成本高，市场交易机制缺失，交易成本非常大 | 草场资源共用不发生冲突，生态成本低 | 农牧民之间不能形成交易，无法获得较高的经济收益，草场没有明显破坏 |

资料来源：笔者根据理论分析框架结合分析结果整理而得。

　　总之，集体化时期的农牧关系的形成是牧民的生产内部规则起主导作用，农民在国家外部规则指导下进行集体生产，农牧产品分配由集体统一把控，农牧民不能直接获取生产利益，降低了个体生产效率。而这种农牧关系的交易成本非常高，农牧民之间不能形成市场交易，无法获得较高的经济收益。但生态成本较小，草场资源没有受到明显影响。

# 第六章  承包制时期的农牧关系机理分析

第六章分析承包制时期农牧关系的运行机理。同样基于农牧关系的影响机理分析框架，在案例调查描述的基础上，分析农民、牧民的个体行为选择形成的内部规则和国家正式制度影响下的外部规则之间的互动关系，进而在分析草场制度、农牧民个体行动和资源利用方式的基础上分析农牧关系的成本，探讨承包制时期的农牧关系的运行结果，包括农牧民获得的经济利益和对草场生态的影响。

## 第一节  承包制时期的农牧关系

### 一、套苏布台村

1983 年套苏布台村草场和耕地分到组。1984 年将草场分到组使用，耕地分到户，当时大队有 1500 人，160 户。分配标准是水田 1.5 亩/人，旱田 3 亩/人，打草场 1.5 亩/人。8 户一组分草场，一个棚圈是一个组，畜牧小队的棚圈主人成为组长，另 2 个牧业或农业小队的 7 户自愿加入某一棚圈主人的小组，平均分配草场。1984 年还平均分牲畜到各户，总共 1 万只牲畜，包括 7000 只羊，1000 只山羊，800 匹马，1200 头牛。4 岁以上马和牛算 4 个羊单位，2～4 岁算 2 个羊单位，2 岁以下算 1 个羊单位。平均 1 人分到 8 个羊单位。以 8 户 1 组的形式划分草场主要是考虑到冬草场很远，离定居点有 200 千米，共用草场的形式可以达到组内成员的互助合作，由棚圈主带领全组的牲畜一起转场，其他户出劳动力一起帮忙放牧，整理棚圈等。但目前这种互惠关系已经消失，棚圈主成为组里的富裕户，而由于组里贫困户代牧，富裕户既不帮助贫困户放牧牲畜，也不会给贫困户现金或实物补偿。

承包制时期套苏布台村的草场 8 户 1 组共同使用，一个棚圈是一个组，集体化时畜牧小队的棚圈主成为组长，另 2 个农业小队中的 7 户根据亲缘关系自愿加入一个棚圈主的小组，8 户共同使用草场。1997 年发放草场本，确定了每户的草场面积，但没有标出每户的草场位置，草场仍然是组内共同使用。同时，1984 年平均分牲畜，总共 1 万只牲畜，7000 只羊，1000 只山羊，800 匹马，1200 头牛，1 人分到 8 个羊单位的牲畜，每个家庭单独经营畜牧业。

套苏布台村的冬草场距离定居点有 200 千米，转场需要两天的时间。在承包制实行后，畜牧业生产变成了家庭单户经营，只有少数富裕户还在坚持三季游牧，如果单个家庭的牲畜较少，不足以抵消转场的高昂成本，该户就会放弃游牧，一年四季都在夏草场和春秋草场放牧自己的牲畜，并且会在这两个草场上代牧农民的牲畜（见表 6 - 1）。

表6-1　套苏布台村不同草场利用类型

| | 户数 | 牲畜数 | 户数比例（％） |
|---|---|---|---|
| 三季游牧（冬、夏、春秋） | 32 | 114 | 21 |
| 两季游牧（夏、春秋） | 28 | 153 | 18 |
| 没有游牧行为（春秋） | 75 | 72 | 61 |

资料来源：笔者根据田野调查数据整理而得。

在调研中我们发现套苏布台村每组内部牧民家庭的发展并不均衡，可以大致分成贫富差距大、较均衡和共同发展三种类型（见表6-2）。

表6-2　套苏布台村不同组情况比较

| | 贫富差距大 | 较均衡 | 共同发展 | 总计 |
|---|---|---|---|---|
| 组的数量 | 7 | 4 | 3 | 14 |
| 具体情况 | 1个大家庭成为拥有600羊以上的富裕户，其他基本都是无畜户，有的在组内代牧 | 组内都是亲戚，会互相帮助，每户几十到一百羊不等 | 2～3个大家庭组成，每家都有超过300羊，一般只有1家在自己草场，另1家另租草场，有的在组草场代牧 | 最大的可能是棚圈主成为富户而其他无畜，得不到棚圈主补偿，进行代牧 |

资料来源：笔者根据田野调查数据整理而得。

由表6-2可知，组内贫富差距较大的现象较为普遍，且主要是大集体时期的棚圈主发展成为富裕户，存栏量有600只羊左右。在1984年，以8户1组的形式划分草场主要是考虑到冬草场很远，离定居点有200千米，共用草场的形式可以达到组内成员的互助合作，由棚圈主带领全组的牲畜一起转场，其他户出劳动力一起帮忙放牧，整理棚圈等。而现在组内各户发展很不均衡，组内的无畜户普遍反映棚圈主占据了全组草场，没有给牲畜较少的户提供帮助，也不给

无畜户牲畜和现金补偿，如每年送 1～2 只羊等，因此无畜户目前的
选择是通过代牧来利用草场，并且在村民讨论中要求将自己的草场
围栏后出租，不让富裕户继续无偿占用全组的草场。

套苏布台村牧民阿巴斯：2005～2012 年组内曾达成协议，3 户
有畜户给 5 户无畜户 120 元/人·年的补贴，补贴的钱平均分 3 份由
3 户承担，2012 年后大户代牧，超载过牧严重，其他 2 户觉得平均
分补贴的钱不公平，因此便不再给了，现在无畜户得不到补贴，也
都想把自己的春秋草场围起来，防止大户无偿使用和破坏自己的
草场。

根据牧民的描述，组内成员关系一般都不好。富裕户和无畜户
之间的矛盾逐渐激化，主要原因是富裕户占用全组草场，而给无畜
户的补偿标准一直不明确，很多无畜户没有得到任何物质或现金补
偿。在草场分到户后，无畜户要求村政府在地图上标明各户占据草
场位置，然后就将自己的草场围围栏并出租出去，不愿意继续被富
裕户无偿占用。有的组形成了 1 户占据组草场并付给其他户租金的
固定模式，组内成员没有出现明显矛盾。但如果 1 户在组草场代牧
且数量较多时，其他户会认为该户的代牧行为对草场破坏严重，因
此产生矛盾，并希望村政府禁止代牧。

牧户普遍认为草场有退化，退化最严重的是春秋草场，原因主
要是气候干旱和过牧。有人代牧的组强烈反映夏草场退化严重，代
牧的牧民代牧规模在 500 只羊以上，占据了夏草场海拔较低的地方，
其他户只能往山上走。

套苏布台村牧民哈斯木：组内有 3 家代牧，主要是伊宁县的羊，
代牧价格大羊＋小羊 30 元/只·月，牛 120～130 元/只·月。一开
始大家都在低处放，后来草场退化严重，羊根本吃不到多少草，我

家的牲畜就往山上走，代牧的 3 家还在低处。

## 二、乌赞村

1984 年，乌赞村共有 143 户，共计 370 人，159 个劳动力（18~60 岁）。牲畜有 3159 个羊单位，其中骆驼 21 头，马 660 头，牛 800 头，山羊 42 只，羊 1626 只，细毛羊 1204 只，总价值 66751.57 元。集体时的农牧分工基本延续下来，只有个别户跟小队长关系近，从牧民转成农民或从农民转成了牧民。1984 年平均分牲畜，牧民每人分到 12 个羊单位。农户分到耕地 3 亩/人。1984 年只是大致分配草场范围，根据 1984 年每户的羊单位数，1989 年三季草场被划分到户，冬草场 4 亩/羊单位，春秋草场 3 亩/羊单位，夏草场 7 亩/羊单位，草场条件不好就多分 10%。饲草地为 0.1 亩/羊单位，条件不好的饲草地就 0.2 亩/羊单位。1990 年 5 月 25 日向牧民发放草场证，期限为 50 年。

在调研中，我们发现农民养牲畜的情况非常普遍，并且很多农户在农田不种小麦，而是种红豆草作为牲畜的饲料。乌赞村 14 户牧户都种草，4 户农户种小麦，5 户农户种红豆草。乌赞村种红豆草的趋势是近 5 年兴起的，一开始有几家尝试种并获得了较高收益，后来很多家庭都把小麦换成了红豆草。根据 2015 年田野调查的数据，小麦产量 200 斤/亩 ×2.6 元/斤 =520 元/亩。播种、翻地成本约 150 元/亩，水费 33 元/亩，小麦净利润 337 元/亩。红豆草每年打 2 次，平均产量 160 包/亩 ×5 元/包 =800 元/亩。成本为种子、打草费约 100 元/亩。饲草净利润 700 元/亩。种红豆草的净利润要高于种小麦。但农民也反映，饲草价格波动大，与其在价格低的时候卖掉，不如作为自己牲畜冬季的饲草料，卖牲畜利润更高。而农民的牲畜越来越多，在夏季就需要找牧民代牧。

在调研中，村民普遍认为乌赞村草场逐年退化，优质草比例下降，夏草场和春秋草场都退化严重，约有40%的退化率，原因主要是过牧和代牧。村支书表示乌赞村有25%的牧户代牧外来牲畜，20%牧户代牧本村牲畜，总代牧率是45%。

乌赞村草场围栏比例不高，虽然草场划分到户，每户都有草场本，草场实际利用方式还是共用。2005~2010年，根据退牧还草制度，在春秋草场建围栏，但围栏里面草场好，外面退化更严重，后来大部分围栏被偷或被破坏。现在只有少量富裕户在自己的春秋草场围围栏。

乌赞村牧民巴扎尔古丽：全家一共有245只羊，32头牛，24匹马。春秋草场牲畜最多，因为离定居点最近，有很多小羊羔，所以退化最严重。现在自己家没有围栏，想先把春秋草场外围建上围栏，2005年国家给修建过围栏（退牧还草项目），但因为没人维护，现在已经坏掉了或被偷了。

根据对草原站的访谈，我们了解到草原站对待超载过牧采取的以下措施：

（1）禁止把草场承包给外县的人。

（2）超载过牧的牧户上报县草原站，停止发放其生态奖补金，包括1.5元/亩和500元/年的转场补贴。但草原站不禁止本县内的代牧，只要不超过载畜量就可以。在检查时发现超载过牧就罚款，超过100只就没收牲畜。但罚款金额少，普遍还是有超载过牧。草原站4月和6月在去春秋草场和夏草场的路上设卡，检查超载和防疫证明。5月接到牧民举报有提前去夏草场的（一般都是代牧和超载逃避检查），也会去给赶回来。但草原站经费和人力有限，不能监管很严。由此可见，农牧民的代牧关系现在在乌赞村是比较普遍的，且并没有受到限制。

# 第二节　承包制时期农牧关系的形成机制

## 一、牧民生产内部规则被单户经营的外部规则取代

在承包制时期，草场承包到户，政府推行的单户经营的外部规则从根本上改变了牧民一直以来共用草场、合群放牧和互助合作的生产方式。在该外部规则下，草场被划分到户使用，牧民以单个家庭为单位进行畜牧业生产。这种生产方式并不符合牧民长期以来形成的内部规则，因此造成了一系列问题：如牧业劳动力相对不足，牲畜移动范围缩小，天然草场退化等。

根据 Ostrom 所提出的三个层面原则（Constitutional Rule，Collective Rule，Operational Rule），承包制属于宪法层面，即外部规则。而代牧造成一系列生计和生态问题的原因在于集体层面和个体行动层面没有发挥有效的作用，也就是内部规则的问题。原来集体化的内部规则已经被取代了，在新的外部规则下，农牧民没有形成有效的内部规则，即管理方式，造成了农牧关系的低效。

套苏布台村的草场由 8 户 1 组共用，乌赞村的草场则直接分到户，虽然草场承包利用的形式不同，但两村牧民都从根本上改变了

集体化时期合群放牧、互助合作的生产方式，取而代之的是以家庭为单位进行畜牧业生产。但家庭尺度的畜牧业生产系统十分脆弱，当单个家庭由于自然灾害或家庭变故损失基础畜群时，没有群体的互助合作，个体难以靠自己的力量恢复原先的牲畜规模，只能转让自己的草场资源使用权（代牧或出租草场）来维持生计。且高山草场围栏成本过高，草场难以做到完全排他使用，代牧是牧民个体的选择，草场超载过牧则由全体牧民承担，最终结果是两村的草场都出现了大面积退化，特别是套苏布台村8户1组共用草场的形式更促使了草场利用的外部性问题出现，社区的监督和惩罚机制在单户生产经营模式下已经失去作用，该村的草场退化情况比乌赞村更加严重。

套苏布台村牧民卡德利别克：家里有5口人，无畜户，2014年老父亲生病和儿子结婚需要钱，卖掉了所有牲畜。组内一共8户，只有1个富裕户有很多牲畜，自己不想让富裕户独占草场，但需要维持生计，因此选择代牧。由于转场等成本较高，需要代牧几百只羊才能获利，超过了规定载畜量，因此不是长久之计。想给自己草场围围栏，然后出租，但政府还没界定好每户草场的具体位置，希望政府能尽快划分草场位置到户。曾找富裕户建议实行铁畜，但富裕户不同意。希望富裕户能给无畜户补偿，如果赔偿得够多，就不会选择代牧和围围栏了。

## 二、单户经营的外部规则在农牧交错带推广

集体化时代后期，在全国范围内实施的人民公社制度出现了一系列的问题，特别是在中国农区，农村集体经济的低效率严重影响

了农民生产生活的积极性，导致了农民的不满。1978 年，安徽小岗村的农民最早开始试行分田到户，第二年便获得了粮食大丰收。他们的成功经验被其他地区的农民推广和效仿，逐渐形成了农民生产的一般规则，即农区农民群体自发形成的内部规则。而政府迫于农民对制度改进的要求和自身的财政压力，做出了局部退让，农民除从事农业外，政府对家庭经营和集体工副业持默认态度。

承包制的实施可以说是国家制定外部规则对农区农民自发的内部规则进行确认和国家行政管理的局部退出。农田划分到户，由家庭自主选择生产经营方式，收益全部归家庭所有，政府的行政管理逐渐退出，转变为自由市场经济。而在伊犁农牧交错带实施承包制则完全是由国家主导的单户经营的外部规则的移植和推广。在该外部规则指导下，伊犁农牧交错带的草场和农田划分到户，以家庭为单位进行放牧和农业生产，农民和牧民可以自主选择经营方式，通过自由市场机制进行资源和产品交易。这种经营方式符合个体自主选择的经营方式，获得生产收益的内部规则，提高了个体生产效率，农牧民的收入水平提高。在农田划分到户后，农牧交错带的农田面积较小，自然条件也不如农区，农民仅靠种植一般农作物的农业难以维持生计，在自由市场机制下又可以通过代牧或租草场较为便利地获得草场资源，因此农牧交错带的农民越来越多地选择以养牲畜为生，这可以认为是在承包制时期单户经营的外部规则下，农民形成的最优的生产策略，能够在现有条件下获得较高的收益。

乌赞村农民阿黑哈提：家里有 5 口人，一共养了 80 只羊、5 匹马和 1 头牛，夏天在乌拉斯台找牧民亲戚代牧，春秋和冬天租草场，一年租草场和代牧的开支 1 万元，卖牲畜的收入有 4 万 ~ 5 万元。耕地 20 亩，种植的小麦和玉米几乎只够自己吃，秸秆用来做牲畜饲料。认为养牲畜比种田更好，农业收入太少，供孩子念书很困难。

## 三、承包制时期农牧关系的形成机制分析

通过以上的分析可知，承包制时期国家的外部规则是对农区农民内部规则进行确认后，移植到农牧交错带地区进行推广的，它取代了牧民一直以来的生产内部规则，转而形成了以单户经营的外部规则为主导的生产方式。农村集体经济的低效率造成了农民群体的不满，农民自发形成了分田到户，家庭生产的方式，提高了生产积极性，获得了较高收益。这一成功经验在农区成了农民生产的内部规则。而国家政府考虑到社会压力和财政压力，对私有化的生产经营方式进行了确认，形成了单户经营的外部规则。通过家庭联产承包责任制的实施，将农田和草场划分到户，家庭独立生产，自主选择生产经营方式，收益归家庭所有。在农牧交错带，农民通常会从事能获得更大收益的畜牧业。因此，从集体化到承包制时期，国家外部规则的转变是政府确认了农区农民的个体行为选择，形成单户经营的外部规则，进而把该外部规则在农牧交错带进行强制推广。

然而，对于牧民来说，源于农区农民个体选择的单户经营的外部规则，是和牧民长期以来的生产内部规则相冲突的，它的实施完全改变了牧民草场共用、合群放牧、互助合作的生产方式。在单户经营的外部规则下，草场划分到户使用，牧民以家庭为单位经营畜牧业，破坏了原本互惠互利的社会关系，不利于抵御自然灾害和应对风险。并且草场资源划分到户造成了草场破碎化和牲畜移动受阻等问题，草场过度利用的情况普遍。特别是在农牧交错带地区，农民也普遍以养畜为生，并通过与牧民的市场交易获得草场资源。而

草场资源在实际利用中很难做到完全排他，外部性问题十分普遍，这些原因都会导致草场退化。因此，在单户经营的外部规则下，牧民的生产方式是较为脆弱，并且不可持续的。

总之，在承包制时期单户经营的外部规则的实施下，草场划分到户和单户生产的生产方式与牧民生产的内部规则相冲突，牧民从事畜牧业生产的成本增加，无畜户和少畜户数量增加，他们拥有草场却没有牲畜，这促使他们产生了与农民进行草场资源交易的需求；而国家行政管理的退出和市场经济的推行使农民获得草场资源成为可能，鼓励农民从事收益更高的畜牧业，并与牧民形成资源交易关系，形成了农民和牧民单户生产经营和个体资源交易的社会秩序。而严重的草场退化问题也引起了政府对现有制度的反思，出台了一系列草畜平衡、生态补偿等政策，但由于没有改变牧民的生产方式，牧民的畜牧业生产内部规则和国家的外部规则仍然是冲突的。因此，没有从根本上解决草场退化问题（见图6-1）。

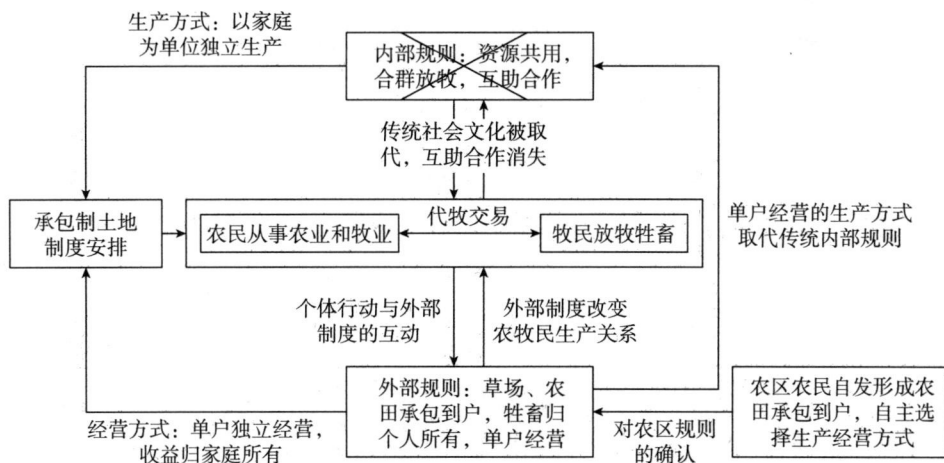

**图6-1 承包制时期农牧关系的形成机制**

资料来源：笔者根据理论分析框架结合分析结果绘制而得。

# 第三节 承包制时期农牧关系的运行结果分析

## 一、承包制时期的草场制度安排

承包制的起源是仿效农业土地制度改革的模式，将草原承包经营权和使用权由集体向牧民手中转移。草场等同于耕地，牲畜等同于农作物，套用农区把耕地分到户的做法，牧区也把草场连同牲畜一起分到户。1982年的《中华人民共和国宪法》规定："矿藏、水流、森林、草原、荒地、滩涂等自然资源，都属于国家所有，即全民所有；由法律规定属于集体所有的森林和山岭、草原、荒地、滩涂除外。"草原首次被单独列为一种自然资源，并规定了全民所有和集体所有两种所有制。1985年6月18日，第六届人大通过的《中华人民共和国草原法》规定："草原属于国家所有，即全民所有，由法律规定属于集体所有的草原除外"，"全民所有的草原，可以固定给集体长期使用。全民所有的草原、集体所有的草原和集体长期固定使用的全民所有的草原，可以由集体或者个人承包从事畜牧业生产。"

在坚持国家和集体所有制的前提下，牧民家庭通过草场承包的形式获得30~50年草场的使用权，实现了草场使用权的私有化。草场承包分为四个步骤进行：第一，国家以家庭为单位，把牲畜分配到牧民手中；第二，国家界定集体草原的边界和划分方案；第三，将使用权分配给集体或牧户，并规定各草场的适宜载畜量；第四，为了避免牧民在分到的草场上过度放牧，政府建立了一套奖惩制度（何彼特，2008）。

政府向牧民发放草原使用证，证明个人拥有草场使用权，并指出草场不得随意非法转让和买卖，但代牧或出租草场给农民属于牧民自己选择的草场经营方式，并没有违反法律规定。在承包制时期的草场制度安排中，草场所有权属于集体所有，草场经营使用权则分给群体或个人，在自由市场机制下经营畜牧业或出租草场，即草场的经营权、使用权私有化。这种制度安排的问题在于，草场的集体所有权只体现在法律文件中，在实际中并没有发挥作用。牧民个体承包草场后，自主选择经营方式，并获得所有收益，在经营管理方面获得了充分的自由。在这种情况下，地方政府的行政管理由于实施的成本过高而无法发挥预期效果，村集体的权威更是被承包制严重削弱。然而，虽然草场使用权划分给了个人，但由于农牧交错带高山草场围栏成本过高，草场使用的外部性问题难以避免，"搭便车"、过度放牧等问题仍比较普遍。在案例点乌赞村，草场使用权虽然划分到户，但是不能做到完全排他使用，牧民超载过牧的收益归个体所有，草场损失却可以由群体共同承担，牧民个体对利益最大化的追求造成了草场退化；在套苏布台村，草场还保持着8户1组共用的形式，但畜牧业生产经营的单位却是单个家庭，"公地悲剧"造成套苏布台村的草场退化比乌赞村更为严重。两村很多牧民选择在草场代牧农民的牲畜或将草场租给农民，草场上需要承载更多牲畜，加剧了草场超载过牧和退化。

## 二、承包制时期的农牧关系特点

### 1. 草场资源利用方式

首先，草场划分到户，导致草场只能在较小范围内使用，且季节性转场受到限制，草场利用的强度大幅增加。并且草场承包到户之后，在承包期的几十年的时间内面积固定不会再增加。而按照哈萨克族牧民的习俗，牧民儿子成家便要分户，相应的草场也要再分成更多小块，牲畜分成小群，经营规模越来越小，导致草场资源被过度消耗。

其次，草场承包制并没有真正实现，高山草场围栏的成本很高，没有围栏的草场成了排他性低和减少性高的公共池塘资源，"搭便车"的问题普遍存在。牲畜大户无偿占用了草场，而无畜户和少畜户则没有利用距离较远草场的能力，草场使用权实际上并不是平均分配，这造成了牧民之间的资源利用冲突。很多牧民选择代牧农民的牲畜，除了生计所需，也是为了充分发挥自己的草场使用权。

最后，因为草场资源的不确定性比较大，农民和牧民的代牧交易或农民租草场行为通常都是短期的，农民为了规避风险，一般不会与同一牧民保持多年的长期交易关系，因此在这种短期行为下，草场也更容易被过度利用。

### 2. 农牧民个体行动

草场划分到户后，农牧民个体之间逐渐异质化。农牧民可以自主选择生产经营方式，生计逐渐多样化。承包制时期的市场经济刺激了农牧民的生产积极性，农牧民追求最大化的利益，牲畜数量迅速增加，连农民也普遍以养牲畜为生，不断增加的牲畜导致草场的承载压力越来越大。承包制使传统的集体化畜牧业生产形式解体，原来存在于牧民社群中传承下来的放牧技术、地方性生态知识、生态观念等认知、社会规范逐渐失去了作用，集体互助合作行动也逐渐消失，集体的权威下降，失去了号召和管理集体成员的能力。牧民利用草场资源的方式更多地取决于市场需求和跟风其他牧民的行动。牧民之间的贫富差距加大，资源利用冲突增加，很多牧民在灾害和变故后由于缺乏集体的帮助，难以恢复畜群数量，成为无畜户。农民和牧民之间通过自由市场机制建立了草场资源交易，农民普遍养牲畜，对草场有需求，而无畜户牧民自己没有能力利用草场，就通过和农民的代牧交易维持生计和行使草场使用权。

## 三、承包制的农牧关系运行结果

在承包制时期，草场、农田承包到户，牲畜划分到家庭所有，农牧民形成了以家庭为单位进行畜牧业和农业生产，由家庭自主选择生产经营方式的农牧关系。政府自上而下对生产和分配的行政管理逐渐退出，转变为自由市场经济。在这种情况下，农民普遍选择从事比农业收益更高的畜牧业，并通过市场机制与牧民进行资源交易，利用牧民的草场资源，最常见的交易形式就是代牧。由于农民和牧民个体是通过自由市场机制进行资源交易，外部政府不对个体交易进行管理和干涉，村集体层面也没有对个体交易进行监督管理的能力。在交易准备阶段，首先是养畜的农民个体寻找拥有青壮年劳动力，自己的牲畜数量又比较少的牧民个体，农民之间也会互相介绍养畜技术较好的牧民，主动寻求与其达成代牧交易，这一环节会产生一定的搜寻和信息成本；在签订合约阶段，代牧的价格是在地区市场中逐渐形成并达成共识的标准，个体之间代牧价格的差异不大，农民与牧民之间需要协商代牧牲畜的数量、代牧时间，以及代牧期间牲畜生病或意外死亡等的赔偿标准等，这一环节会产生一定的谈判成本；在交易维护阶段，农民一般不会在代牧的过程中监督牧民的放牧路线和行为，只在收回自己的牲畜时对牲畜数量、体重和健康状态进行检查，这一环节会产生一定的交易维护成本。上述环节产生的成本构成了农牧资源交易成本。当养畜农民比较认可代牧牧民的放牧技术时，可能第二年他们仍然会寻找这户牧民进行代牧，这种情况下的交易成本会适当降低。但由于草场资源的不确定性大，且牧民也普遍认为以代牧来维持生计并不是长久之计，牧民会想方设法发展自己的畜群，因此代牧交易一般都是短期交易，农牧民个体之间很少签订几年的长期代牧合同。总之，承包制的农牧关系的交易成本相对较低，农牧民之间能够达成代牧交易，并获得较高的经济收益。

喀拉苏乡农民王斌：现在家里养了 400～500 只羊，是全村养羊数量最多的。我家从 10 年前就开始养羊，一开始 10～20 只，从那时就找代牧。牲畜在 5～10 月由牧民带到夏草场（5 个月），10～11 月放到自己家收割完的地里，12 月至次年 4 月在棚圈买草料。在棚圈时就去河边饮水，很方便。去年在套苏布台找的 1 户小家庭代牧，今年找的唐布拉的牧户，代牧价格 15 元/羊·月（大＋小羊）。一般牧户会同时代牧好几家羊，凑够他的载畜量。一般是 3～4 月开始找代牧的牧户，也有通过朋友推荐，找有经验、养得好的哈萨克族牧民代牧。会考虑牧民草场载畜量，因为如果他代养太多，草场就不好，羊就吃得不好。达成协议后跟牧民签订代牧合同，合同内容包括牲畜生病、丢失、死亡如何赔偿（一般按市场价，关系好的适当便宜），羊死了牧户会打电话确认，有时候不赔偿，比如去年天热，羊生病多，合同里没有关于不能超过载畜量的条款。牧民到自己家来签合同，清点羊数，瘦弱的羊不要，然后帮助转到夏草场。用卡车运输，价格是1500元/车。

喀拉苏乡农民萨亚：家里有240只羊，36头牛。每年4月15日到次年2月都在喀拉苏1户牧民草场代牧，冬窝子也一起去。价格20元/羊·月，100元/牛·月。找这家牧民代牧10多年了，那户牧民自己家有60只羊。牧民说草原站会在草场设卡，检查牧民身份信息，防止外县的羊进入，检查防疫证并查验羊的数量，不超过草原证载畜量。

承包制的农牧关系中，草场划分到户，单户经营畜牧业，农牧民资源交易是个体层面的交易。但由于草场资源的公共池塘属性，当单个牧民选择与农民达成代牧交易后，将农民的牲畜带到草场上放牧，他们除了利用自己的草场，也对周边牧民的草场造成了影响。由于"搭便车"行为的普遍存在，牧民的代牧收益归自己所有，但草场的损失却是由全体牧民共同承担，牧民的有限理性和追求最大化利益的特性，以及不想让富裕户占据共用草场等原因，促使他们较少地考虑生态成本，而代牧更多的牲畜来改善生计，造成草场超载过牧。同时，承包制时期的村集体已经失去了对牧民不当放牧行为进行监督和惩罚的能力，而政府草原管理部门对载畜量的控制仅限于转场时的设卡检查，过高的行政管理成本使其难以覆盖到整个草场范围和放牧的全过程，因此牧民虽然普遍认同代牧是造成草场退化的一大原因，但代牧是牧民个体的生产经营行为，其他牧民没有办法对代牧牧民的行为进行限制，农牧关系的生态成本很高，最终造成草场大面积退化的结果（见图6-2）。

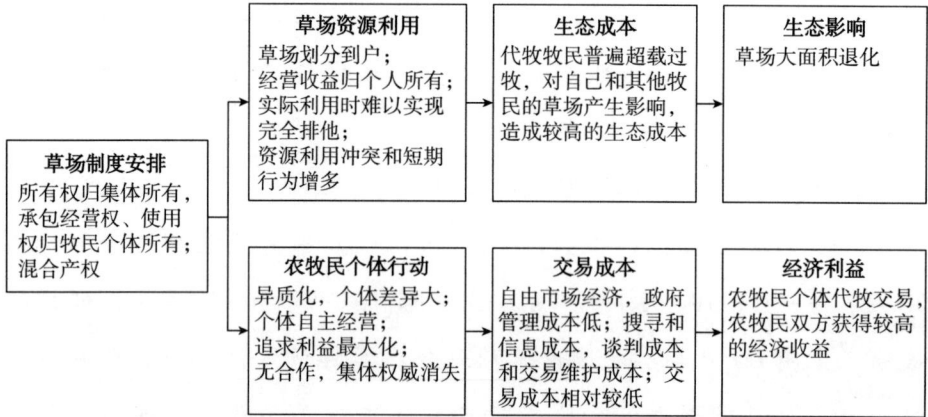

```
┌──────────────┐       ┌──────────────┐     ┌──────────────┐     ┌──────────────┐
│              │       │  草场资源利用  │     │   生态成本    │     │   生态影响    │
│              │       │ 草场划分到户；  │     │代牧牧民普遍超载过│     │草场大面积退化  │
│              │  ┌───▶│ 经营收益归个人所│ ──▶ │牧，对自己和其他牧│ ──▶ │              │
│              │  │    │ 有；实际利用时难│     │民的草场产生影响，│     │              │
│  草场制度安排  │  │    │ 以实现完全排他；│     │造成较高的生态成本│     │              │
│ 所有权归集体所 │──┤    │ 资源利用冲突和短│     │              │     │              │
│ 有，承包经营权、│  │    │ 期行为增多     │     │              │     │              │
│ 使用权归牧民个 │  │    └──────────────┘     └──────────────┘     └──────────────┘
│ 体所有；混合产 │  │    ┌──────────────┐     ┌──────────────┐     ┌──────────────┐
│ 权            │  │    │  农牧民个体行动 │     │   交易成本    │     │   经济利益    │
│              │  │    │ 异质化，个体差异│     │自由市场经济，政府│     │农牧民个体代牧交│
│              │  └───▶│ 大；个体自主经营；│ ──▶ │管理成本低；搜寻和│ ──▶ │易，农牧民双方获│
│              │       │ 追求利益最大化；│     │信息成本，谈判成本│     │得较高的经济收益│
│              │       │ 无合作，集体权威│     │和交易维护成本；交│     │              │
│              │       │ 消失          │     │易成本相对较低  │     │              │
└──────────────┘       └──────────────┘     └──────────────┘     └──────────────┘
```

**图6-2　承包制时期农牧关系的运行结果**

资料来源：笔者根据理论分析框架结合分析结果绘制。

　　实际上，无论是内部规则还是外部规则，都面临规则的实施成本，目前，农牧民个体代牧交易达成的成本不高，是因为在达成交易后，对牧民超载过牧的监督和处罚成本不在交易的另一方农民群体的考虑范围内，农民只关心自己的牲畜能不能被养得好，不关心牧民的草场是否可持续利用。如果牧民的草场质量变差，农民完全可以再寻找别的牧民来进行代牧交易。目前，牧民群体的内部规则是独立生产经营，集体行动的作用消失，也就是说内部规则对外部规则的补充作用是缺失的，因此才造成低效的农牧关系和较大的生态成本。目前看来，在家庭独立经营的情况下，监督和处罚成本只能由外部规则来主张，也就是国家制定相应的政策和采取措施，重新建立能够对承包制外部规则起到补充作用的牧民集体的内部规则。

# 第四节　本章小结

本章基于农牧关系的影响机理分析框架，对承包制时期的农牧关系的形成机制和运行结果进行了分析。

在承包制时期，农区农民分田到户、家庭单独生产的内部规则起主导作用，国家外部规则对农民的个体选择进行了确认，政府自上而下的管理局部退出，转变为自由市场机制。在单户经营的外部规则下，农牧交错带的农民普遍选择以收益较高的畜牧业为生，并通过市场与牧民进行草场资源交易。而牧民原本的生产内部规则被取代，变成草场划分到户，以家庭为单位进行畜牧业生产，牧民间的互助合作也逐渐消失。单户经营模式导致牧民进行畜牧业生产的成本提高，抵御风险的能力也减弱，当养牲畜不足以维持生计时，以代牧或租草场的形式短期转让草场使用权成为很多少畜户和无畜户的普遍选择（见表6-3）。

表6-3　承包制时期农牧关系的形成机制

|  | 牧民内部规则 | 农民内部规则 | 国家外部规则 | 农牧关系 |
|---|---|---|---|---|
| 承包制时期 | 在单户经营的外部规则下草场共用，单户生产，合作消失 | 在单户经营的外部规则下单户生产，自主选择经营方式 | 草场、农田承包到户，单户生产并获得全部收益，强化市场，弱化行政管理 | 农牧民个体草场资源交易关系 |

资料来源：笔者根据理论分析框架结合分析结果整理而得。

在承包制时期，草场所有权归全民所有或集体所有，承包经营权、使用权归个人所有。草场单户使用，牲畜划分到户，经营收益归个人所有，而草场在实际利用时难以排他，即草场利用存在外部性问题，资源利用冲突增加，草场利用倾向于短期行为。农牧民个体异质化，个体自主选择生产经营方式导致生计多样化，收益差距也不断拉大，农牧民个体追求利益最大化和资源利用冲突的原因促使他们不会考虑生态成本，而牧民之间的互助合作消失，村集体和社区权威管理失去效力，个体牧民超载过牧的行为很难得到有效的控制。在这一时期，由于农牧民资源交易是通过市场机制进行的，政府不参与，加上农牧民个体达成交易的过程中产生的成本，包括搜寻和信息成本、谈判成本和交易维护成本等，总的交易成本比较低，农牧民资源交易能够达成。而农牧民资源交易造成草场承载牲畜进一步增多，村集体不具备对牧民个体的放牧行为进行监督和惩罚的权力，政府管理部门的监管不力，最终造成较高的生态成本，草场大面积退化（见表6-4）。

表6-4 承包制时期农牧关系的运行结果

| | 交易成本 | 生态成本 | 经济和生态结果 |
|---|---|---|---|
| 承包制 | 农牧民资源市场交易，政府管理成本低；农牧民形成代牧交易的搜寻和信息成本、谈判成本等；交易成本相对较低 | 代牧牲畜过多，草场资源利用外部性及资源利用冲突造成生态成本很高 | 农牧民之间形成代牧交易，获得了经济收益，但草场大面积退化 |

资料来源：笔者根据理论分析框架结合分析结果整理而得。

总之，承包制时期的农牧关系是政府基于对农区内部规则的确认，形成了单户经营的外部规则并推广到农牧交错带，牧民原本的生产内部规则被取代，合群放牧、互助合作关系被破坏。在单户经营的外部规则下农牧民获得自主选择经营方式的自由，农牧民形成个体草场资源交易关系。而承包制时期农牧关系的交易成本相对较低，农牧民资源交易的达成带来了农牧民的经济收益。农牧关系的运行造成了很高的生态成本，因此农牧民资源交易导致草场大面积退化。

# 第七章  结论与政策建议

针对第一章提出的两个研究问题：①在集体化和承包制时期的农牧关系下，农牧民生计和草场生态产生了怎样的变化。②农牧关系影响生计和生态的内在机理是什么。本章将总结研究发现、结论，并在此基础上提出相关政策建议。

## 第一节  案例研究发现

首先，基于尼勒克县 1958～2015 年的统计数据和 2015～2016 年案例点的田野调查数据，本书比较了集体化和承包制时期农牧民的生计资本变化，并分析了承包制时期农牧民代牧交易关系对农牧民生计和草场生态的影响。

（1）从定量分析结果来看，在承包制时期农牧民积累了更多的金融资本和物质资本，但自然资本和社会资本大幅减少，草场退化、贫富分化加剧和农牧民之间互惠合作的社会关系遭到了破坏。

（2）从定性分析结果来看，承包制时期农牧民收入水平有所提高，但是草场出现了大面积退化。在调研中牧民普遍表示，草场退化的一大原因是农牧民之间产生的代牧交易关系。承包制时期家庭单户经营，牧民之间的互助合作消失，当牧民家庭遭受自然灾害或家庭变故之后，缺乏家庭外的帮助会造成畜群的自我恢复变得十分困难。因此，代牧成为少畜户和无畜户维持生计的主要方式。同时，承包制时期仅从事农业的收益太低，农民为了维持生计普遍选择自己从事畜牧业，而在市场机制下农民可以较容易地找到牧民在草场上代牧自己的牲畜，造成了草场超载过牧，村集体的权威消失，不再有能力监督和惩罚超载过牧的牧民，草原管理部门的监管不力，最终草场承载过多的牲畜导致草场退化。

# 第二节　研究结论

在案例研究发现的基础上，本书构建了"农牧关系的影响机理分析框架"，包含对农牧关系的形成机制和运行结果两方面的分析，对现实问题背后的理论问题进行探讨，即对集体化和承包制下形成特定的农牧关系，进而对农牧民获得经济利益和对草场生态的影响进行机理解释。得到了以下结论：

（1）集体化时期内部规则与外部规则相结合，合作生产的内部规则和统一分配的外部规则共同起作用，草场损失较小，但经济收益较低。

在集体化时期，农牧关系的形成是由牧民共用草场、互助合作的畜牧业生产内部规则起主导作用，内部规则与外部规则相结合，农牧民在合作生产的内部规则和统一分配的外部规则共同指导下进行集体生产，农牧产品由集体统一分配，农牧民个体不能直接获得生产收益，降低了个体生产效率。集体自上而下统一管理和市场机制的缺失，造成农牧关系的交易成本很高，农牧民之间不能形成市场交易，农牧民无法获得较高的经济收益。但放牧方式符合畜牧业生产规律，因此草场资源没有受到明显影响。

（2）承包制时期内部规则与外部规则相冲突，单户独立经营的外部规则取代内部规则，集体的监督和处罚作用消失，个体经济收益较高，但资源利用的外部性造成草场退化。

在承包制时期，农区农民分田到户、家庭单独生产的内部规则得到了国家外部规则的认可，农牧关系是政府基于对农区内部规则的确认，形成了单户经营的外部规则并推广到农牧交错带，牧民原本的畜牧业生产内部规则与外部规则相冲突，单户独立经营的外部规则取代内部规则，集体的监督和处罚作用消失，个体经济收益较高，但合群放牧，互助合作关系被破坏，资源利用的外部性造成草场退化。在单户经营的外部规则下，农牧民获得自主经营的自由，农民普遍选择从事收益较高的畜牧业，而牧民单户经营畜牧业的成本提高，当牲畜数量不足以维持生计时，少畜户和无畜户还可以利用自己的草场进行交易，农牧民之间形成个体资源交易关系。在市场机制下农牧关系的交易成本相对较低，代牧交易的达成给农牧民带来了经济收益。但由于草场资源利用的外部性，被消耗的草场价值没有在代牧价格中体现，造成了生态成本很高，农牧民资源交易的达成导致了草场大面积退化。

# 第三节 政策建议

基于上述分析，个体层面的农牧民资源交易会导致草场的不合理利用。因此，保护草原生态需要重新建立牧民的内部规则，即集体行动和管理的能力，单纯依靠强化国家和政府对草原的行政管理来进行草原保护是难以达到预期效果的。

在集体化时期由集体统一安排生产劳动和收益分配，削弱了农牧民生产积极性，农牧民收入普遍偏低；在承包制时期草场和牲畜划分到户，鼓励农牧民自主选择生产经营方式，追求利益最大化，农牧民的收入水平有了明显提高，但却出现了草场大面积退化。本书认为草场可以以家庭为单位界定责权利，但不一定要以家庭单位来利用，因为草场共用的方式更符合牧民的内部规则。这样一来，草场作为典型的公共池塘资源，亟须重建有效的集体行动和共同的社会规范，对牧民的畜牧业生产行为和资源交易行为进行监督管理。具体可分为以下两个方面：

（1）重建牧民草场共用、合群放牧、互惠合作的生产内部规则。

承包制时期牧民的内部规则被单户经营外部规则取代后，牧民以家庭为单位进行畜牧业生产，出现了草场退化的问题。因此，可以借鉴集体化时期的经验，重建集体尺度的畜牧业生产。在现有承包制制度安排下，建立牧业生产合作组织是一个可行的方式。由村集体牵头，将本村牧民在自愿互利、风险共担、利益共享的基础上联合起来，以适应生产发展的需要，并通过联合保障自身的经济权益。合作组织应具备以下特点：一是自愿互利，牧民有加入和退出合作组织的自由；二是集体自主管理，每个成员都有参与和决策的权利；三是资源入股，实行按股权分配和按劳分配相结合；四是设立公共资金，除分配外，积累公共基金用于资源保护和应对风险。通过合作组织的形式，整合分散的草场资源，解决牧业劳动力相对不足的问题，恢复互惠互利的社区合作关系。通过牧民合作组织重建集体化时期牧民草场共用、合群放牧、互助合作的生产方式，使牧民的内部规则重新发挥作用。

（2）建立集体参与的农牧民资源交易关系。

在个体尺度的农牧民资源交易中，牧民代牧造成草场损失的生态成本由于草场利用的外部性，实际上是由牧民集体共同承担的。本研究认为，集体参与的农牧民资源交易能够在代牧价格中把草场资源的价值考虑进去，实现草场可持续利用。集体参与的农牧民资源交易仍然通过市场机制进行，而集体作为草场所有者参与代牧价格的制定，使草场价值在价格中体现，促使参与代牧交易的农牧民重新考虑成本收益，减少代牧牲畜数量，最终在获取经济利益的同时，实现草场可持续利用。

集体作为主体组织牧民群体来跟农民进行资源交易，村集体需要发挥作用，组织牧民共同商议本村的资源交易规则，包括制定代牧价格、确定草场补偿方案和监督牧民的放牧行为等。当农民寻找牧民进行草场资源交易时，必须由村集体代表牧民签订正式合同，将资源交易规则写入合同条款，使其具有法律效力。这样虽然组织牧民集体制定代牧价格，确保其遵守规则需要一定的成本，交易成本可能会有所提高，但能够有效约束代牧牧民的超载过牧行为，当交易仍能达成时，说明农牧民依然能从交易中获得经济利益。同时，草场承载的牲畜数量得到控制，在交易达成后减少草场损失，实现农牧交错带社会生态可持续发展。

# 第四节　本研究的贡献与研究不足

## 一、研究的贡献

本研究的贡献有以下两个方面：

（1）从现实层面来看，本研究通过农牧交错带集体化和承包制时期农牧关系的纵向比较，分析农牧关系对农牧民生计和草场资源利用的影响，对不同时期的社会发展情况、草场制度安排、农牧民个体行动和资源利用方式都进行了系统的梳理，对农牧交错带农牧关系的发展历史情况进行了系统描述和数据分析，并据此解释农牧民在不同制度下的行为选择，分析农牧交错带的农牧关系导致草场退化问题产生的内在原因，对农牧交错带的可持续发展研究具有一定的借鉴价值。

（2）从理论层面来看，本书借鉴社会生态系统的研究思路，在关注人与人之间社会关系的基础上，将社会关系与资源利用和生态建立联系，解释农牧交错带在不同时期的围绕草场资源利用的农牧关系的形成和运行机制。另外，利用自然相关交易理论对农牧关系的物质层面和社会层面分别进行分析，对仅依据交易成本不足以解释为什么农牧民资源交易没有达到草场资源优化配置的问题进行了补充。本书对中国农牧交错带不同时期的草场利用方式进行了系统的梳理，从农牧关系的视角提供了一个认识不同制度安排对生计和生态变化影响的理论分析框架，分析了农牧关系的形成机制和运行结果，用以解释农牧关系对农牧民生计和草场生态产生影响的内在机理。

## 二、研究不足

本书对集体化和承包制时期的农牧关系进行了系统的比较和分析，但由于集体化时期年代久远，只能通过统计年鉴的数据、文献资料和田野调查中年纪较大的受访者的回忆，因此对当时情况的描述还有所欠缺，可能不能完全反映出集体化时代案例地的生产情况和存在的问题。

本书的定性研究基于数个当地农牧民的个案资料，但从集体化到承包制时期并没有连续的牧户家庭或群体的跟踪资料，如果能够有一个或几个牧民家庭或小组从集体化时期到承包制时期变化的认识和行为案例，可能会更有说服力，将在今后的研究中进行适当补充。

本书在政策建议中提出重新建立集体行动和管理的能力，以集体作为主体组织牧民群体来跟农民进行资源交易，但并未找到集体层面的农牧民资源交易的案例作为对照组。将在今后的研究中进行更深入的挖掘。

# 参考文献

［1］阿德力汗·叶思汗．新疆现代草原畜牧业的必然选择［J］．新疆社会科学，2006（5）：31－35.

［2］阿吉，高朝峰．浅谈新疆草原退化的原因及对策［J］．新疆畜牧业，2002（3）：8.

［3］阿依努尔·达吾提，麦麦提敏·乃依木．新疆草地退化现状、原因及防治对策［J］．新疆畜牧业，2015（10）：18－21.

［4］安作璋．两汉与西域关系史［M］．济南：齐鲁书社，1979.

［5］巴泽尔．产权的经济分析（中译本）［M］．上海：上海人民出版社，上海三联书店，1997.

［6］卞纪布．联产承包制发展情况［J］．农业技术经济，1984（5）：40.

［7］曹锦清等．当代浙北乡村的社会文化变迁［M］．上海：上海远东出版社，1995：89.

［8］柴军．新疆牧民生产决策行为与草地退化问题研究［D］．中国农业科学院，2008.

［9］陈建华．农牧交错带可持续发展战略与对策［M］．北京：化学工业出版社，2004.

［10］陈剑波．农地制度：所有权问题还是委托—代理问题［J］．经济研究，2006（7）．

［11］陈维．制度的成本约束功能——对中国经济体制变迁的分析［M］．上海：上海社会科学院出版社，2004（3）．

［12］陈佐忠，汪诗平．中国典型草原生态系统［M］．北京：科学出版社，2000.

［13］程保平，苏宁．论产权与经济效率［J］．经济评论，2002（4）：23－29.

［14］崔延虎，海鹰．生态人类学与新疆文化特征再认识［J］．新疆师范大学学报，1996（1）：13－17.

［15］崔延虎．游牧民定居的再社会化问题［J］．新疆师范大学学报，2002，23（4）：76－82.

［16］邓艾．可持续发展的草原生态经济模式——甘肃牧区生态经济问题研究［J］．西北民族学院学报（哲学社会科学版），2002（6）：7－16.

［17］邓国取．我国农区畜牧业产业布局战略研究［J］．地域研究与开发，2008，27（2）：109－112.

［18］董智新，刘新平．新疆草地退化现状及其原因分析［J］．河北农业科学，2009，13（4）：89－92.

［19］杜根，王保乾．新疆农业全要素用水效率动态演进及影响因素分析［J］．河北工业科技，2017，34（2）：96－102.

［20］樊勇明．公共经济学导引与案例［M］．上海：复旦大学出版社，2003：43－44.

［21］范天文，李静，刘宜勇．伊犁河谷天然草地资源与畜牧业可持续发展［J］．草业与畜牧，2009（3）：32－33.

［22］冯中朝，冯华，崔元锋．农户资源利用的经济分析［J］．农业现代化研究，2001（6）．

［23］贡布泽仁．青藏高原草场管理中的市场机制与习俗制度的关系及其影响研究［D］．北京大学，2015.

［24］哈耶克·冯克利．致命的自负［M］．胡晋华等译．北京：中国社会科学出版社，2000.

［25］韩建国，王堃．我国农牧交错带的农牧业生产现状及产业结构调整［C］．全国半农半牧区草地农业可持续发展研讨会，2002：10.

［26］何·彼特．谁是中国土地的所有者［M］．林韵然译．北京：社会科学文献出版社，2008.

［27］何一鸣．岭南模式研究：一个制度关联性博弈的理论视角——基于广东市场化改革30年历史经验的实证分析［J］．珠江经济，2008（9）：4－27.

［28］何艺．阿克塞地区牧民定居中的民族关系［D］．兰州大学，2011.

［29］何勇，董文杰，郭晓寅等.1971－2000年中国陆地植被净初级生产力的模拟［J］．冰川冻土，2007，29（2）：226－232.

［30］洪涛，卡木那·江波孜．哈萨克族简史［M］．北京：民族出版社，2008.

［31］胡乐明．"交易"范畴的演化——从康芒斯到威廉姆森［J］．山东财政学院学报，2001，4（1）：16－19.

［32］黄钦琳．新疆畜牧业生产中存在的草场问题分析［J］．商业经济，2010，39（5）：88－89.

［33］加尔肯．伊犁地区水资源特征及利用对策［J］．新疆环

境保护，1994，16（3）：13－16.

［34］贾幼陵．畜牧业经济的改革与发展［J］．农村工作通讯，1998（8）：21－22.

［35］姜宇．西汉、唐两时期在西域屯垦之比较［J］．科技信息，2011（30）：101.

［36］居马肯，米利根．新疆伊犁河流域湿地保护与管理［J］．湿地科学与管理，2014（3）：43－45.

［37］科斯．企业的性质［M］．上海：上海三联书店，1994.

［38］科斯．社会成本问题［M］．上海：上海三联书店，1990.

［39］勒内·格鲁塞．草原帝国［M］．蓝琪译．北京：商务印书馆，2007.

［40］雷玉琼，胡文期．混合产权交易制度：公共池塘资源治理的有效途径［J］．江西财经大学学报，2009（5）：17－21.

［41］李炳泉．十年来大陆两汉与西域关系史研究综述［J］．西域研究，2009（4）：119－131.

［42］李博．中国北方草地退化及其防治对策［J］．中国农业科学，1997，30（6）：1－10.

［43］李聪，曹占洲，丁林等．新疆伊犁河谷地区50a来气候变化特征分析［J］．山西农业科学，2012，40（5）：508－514.

［44］李尔只斤·吉尔格勒．游牧文明史论［M］．呼和浩特：内蒙古人民出版社，2002.

［45］李海梅，安沙舟，朱进忠，等．牧民定居后草地畜牧业生产经营优化模式研究［J］．草业科学，2004，21（5）：58－62.

［46］李继东．非洲农业的起源和贡献［J］．农业考古，1991

（1）：67 - 74.

[47] 李金花，潘浩文，王刚．内蒙古典型草原退化原因的初探 [J]．草业科学，2004，21（5）：49 - 51.

[48] 李文军，张倩．解读草原困境——对于干旱半干旱草原利用和管理若干问题的认识 [M]．北京：经济科学出版社，2009.

[49] 李昕，张明明．SPSS 22.0 统计分析 [M]．北京：电子工业出版社，2015.

[50] 李艳波．内蒙古草场载畜量管理机制的改进研究 [D]．北京大学，2014.

[51] 李玉祥．新疆畜牧经济概论 [M]．乌鲁木齐：新疆人民出版社，1986.

[52] 李云斌，徐文修，郑英达，等．基于能值理论阿克苏绿洲农业生态经济系统农牧耦合研究 [J]．新疆农业大学学报，2009，32（4）：4 - 8.

[53] 理查德伊利．土地资源管理 [M]．北京：商务印书馆，1982.

[54] 笠凤媛，张卫东，我国 1978—2007 年间非市场交易费用的变化及其估算——基于 MIMIC 模型的间接测度 [J]．数量经济技术经济研究，2009（8）.

[55] 梁木生，王涛．论所有权代行的悖论及其后果 [J]．改革与战略，2006（11）：81 - 84.

[56] 刘建铭．农区畜牧业发展及资源约束分析 [J]．华北水利水电大学学报（社会科学版），2008，24（5）：51 - 53.

[57] 刘林德，高玉葆．论中国北方农牧交错带的生态环境建设与系统功能整合 [J]．地球科学进展，2002，17（2）：174 - 181.

［58］刘庆．青藏高原东部（川西）生态脆弱带恢复与重建进展［J］．资源科学，1999，21（5）：57－61.

［59］刘庆．青藏高原东部（川西）生态脆弱带恢复与重建研究进展［J］．资源科学，1999，21（5）：81－84.

［60］刘卫国，魏文寿，刘志辉．新疆气候变化下植被净初级生产力格局分析［J］．干旱区研究，2009，26（2）：207－211.

［61］刘伟．经济改革与发展的产权制度解释［M］．北京：首都经济贸易大学出版社，2000.

［62］刘鑫渝．土地制度变迁视野下的哈萨克牧区社会［D］．吉林大学，2011.

［63］刘兴元，王锁民，郭正刚．半干旱地区农业资源的复合经营模式及生态经济耦合效应研究［J］．自然资源学报，2004，19（5）：624－631.

［64］刘颖，王德利，韩士杰，等．放牧强度对羊草草地植被再生性能的影响［J］．草业学报，2004，13（6）：39－44.

［65］吕福新．产权的经济学和管理学分析——读与评巴泽尔《产权的经济分析》［J］．管理世界，2005（12）：166－169.

［66］吕玉华，郑大玮．内蒙古农牧交错带农牧系统耦合及相悖的机理及效应［J］．草业学报，2009，18（4）：217－223.

［67］罗尊长，叶桃林，徐明岗，等．中国南方农区畜牧业面临的问题与发展对策［J］．农业现代化研究，2005，26（6）：401－406.

［68］马骅，吕永龙，邢颖．农户对禁牧政策的行为响应及其影响因素研究——以新疆策勒县为例［J］．干旱区地理，2006，29（6）：902－908.

［69］曼瑟尔·奥尔森．集体行动的逻辑［M］．上海：上海三联书店，上海人民出版社，1995．

［70］孟凡艳，孙芳．农牧交错区低碳型农牧业资源优化配置［J］．农业经济，2011（4）：18－20．

［71］沐涛．非洲历史研究综述［J］．西亚非洲，2011（5）：14－18．

［72］钮仲勋．历史时期新疆地区的农牧开发［J］．中国历史地理论丛，1987（1）：59－76．

［73］潘晓峰，张永峰，那伟，等．松辽平原农牧结合循环农业技术发展研究［J］．东北农业科学，2010，35（6）：22－25．

［74］庞欢欢．社会演化视角下乡村社区生活空间的重构策略研究［D］．长安大学，2013．

［75］蒲开夫，王福，刘艳．独立后哈萨克斯坦的农业状况［J］．俄罗斯中亚东欧市场，2009（11）：31－38．

［76］普宗朝，张山清，王胜兰．近47年天山山区自然植被净初级生产力对气候变化的响应［J］．中国农业气象，2009，30（3）：283－288．

［77］全国农业区划委员会，中国种植业区划编写组．中国农业自然资源和农业区划［M］．北京：农业出版社，1991：58－59．

［78］任继周．草业科学研究方法［M］．北京：中国农业出版社，1998．

［79］任玉平，黄军，王吉云．新疆乌昌地区牧民定居现状与新牧区建设方案［J］．草业科学，2008，25（5）：82－86．

［80］任志远．哈萨克斯坦农业发展现状及影响因素分析［J］．对外经贸，2014，23（5）：40－41．

［81］桑玉成．利益分化的政治时代［M］．上海：学林出版社，2002．

［82］石书兵，张恩和，杨镇．中国绿洲农业［M］．北京：中国农业科学技术出版社，2015：35－36．

［83］宋波，张力小．应用牧草生长—消费模型分析牧民的放牧行为［J］．草业学报，2005（6）：11－15．

［84］宋乃平．农牧交错带农牧户土地利用选择机制及其环境效应［D］．中国农业大学，2004．

［85］宋万林．浅析发展农区畜牧业的几个问题［J］．新疆畜牧业，1989（5）：8－10．

［86］屠尔康．非洲农牧业的起源和发展［J］．西亚非洲，1981（4）：53－56．

［87］托曼，崔延虎，崔乃然．游牧、定居与牧区社会发展研究与思考［J］．草食家畜，1996（S1）．

［88］汪洪涛．制度经济学：制度及制度变迁性质解释［M］．上海：复旦大学出版社，2009．

［89］王景新．中国农村土地制度的世纪变革［M］．北京：中国经济出版社，2001：79．

［90］王猛．全球化时代游牧民族探微——贝都因人的个案研究［J］．宁夏社会科学，2005（1）：80－85．

［91］王明珂．游牧社会及其历史的启示［C］．游牧文化与农耕文化——人类学高级论坛（2009卷），2009．

［92］王伟成．新常态下新疆水资源管理工作思路与对策［J］．新疆水利，2016（2）：12－14，29．

［93］王小平．新疆屯垦发展史［M］．北京：中央广播电视大

学出版社，2012.

［94］王晓力，王静，陈晓菲．浅谈发展农区畜牧业之策略［J］．草原与草业，2003（4）：60.

［95］王晓毅．从承包到"再集中"——中国北方草原环境保护政策分析［J］．中国农村观察，2009（3）.

［96］王晓毅．环境压力下的草原社区［M］．北京：科学文献出版社，2009.

［97］王珍．伊犁河流域水资源开发利用问题［J］．伊犁师范学院学报，2007，1（3）：48－51.

［98］吾斯曼．新疆畜牧业生产中存在的草场问题分析［J］．甘肃畜牧兽医，2016，46（11）：105.

［99］吴蓉，施国庆．乡村旅游发展过程中乡村秩序的演化与重构策略——以Ｗ州Ｘ村为例［J］．云南民族大学学报（哲学社会科学版），2019，36（2）：68－74.

［100］夏明勇，程军，刘玉珍．水库移民经济类社会组织的重构分析——以丹江口水库外迁移民Ｈ社区为例［J］．水利经济，2013，31（2）.

［101］新疆维吾尔自治区畜牧厅．新疆草地资源及其利用［M］．乌鲁木齐：新疆科技卫生出版社，1993.

［102］徐君，冯倩．牧民定居社区社会关系重构研究——以青海省玉树州曲县Ｈ社区为例［J］．西藏民族大学学报（哲学社会科学版），2013，34（4）：71－81.

［103］薛耀祖，蒲春玲．山地河谷地区县域城镇体系研究——以新疆新源县为例［J］．国土与自然资源研究，2010，47（2）：375－380.

[104] 杨德刚，阎新华，李秀萍．干旱区典型绿洲农业生态经济系统的结构和功能分析 [J]．干旱区地理（汉文版），2003，26（4）：372 – 378.

[105] 杨峰，钱育蓉，李建龙，等．天山北坡典型荒漠草地退化特征及其成因 [J]．自然资源学报，2011（8）.

[106] 杨红飞，刚成诚，穆少杰．近 10 年新疆草地生态系统净初级生产力及其时空格局变化研究 [J]．草业学报，2014，23（3）：39 – 50.

[107] 杨瑞龙．论制度供给 [M]．经济研究，1993（8）：45 – 52.

[108] 杨瑞龙．我国制度变迁方式转换的三阶段论——兼论地方政府的制度创新行为 [J]．经济研究，1998（1）：3 – 10.

[109] 杨小凯．经济学原理 [M]．北京：中国社会科学出版社，1998.

[110] 叶旭君，陈杰，王兆骞．利用牧草生长—消费模型优化草场放牧方案 [J]．应用生态学报，2003，14（8）：1337 – 1342.

[111] 叶舟．小水电产权制度演变：从单一产权到混合产权——浙江小水电投资产权制度演变研究 [J]．中国农村水电及电气化，2006，（7）：16 – 22.

[112] 殷剑虹，徐予洋．伊犁河谷气候变化特征分析 [J]．沙漠与绿洲气象，2007，1（6）：20 – 23.

[113] 袁春光．关于牧区退牧还草工程的思考 [J]．草业与畜牧，2007（5）：21 – 24.

[114] 约瑟夫·费尔德．科斯定理 1 – 2 – 3 [J]．李政军译．经济社会体制比较，2002（5）：72 – 79.

［115］张安福．历代新疆屯垦管理制度发展研究［M］．北京：中国农业出版社，2010.

［116］张碧涵．社会资本理论视角下 B 县乡村社区营造困境与对策研究［D］．湖南大学，2018.

［117］张国庆．辽代牧、农经济区域的分布与变迁［J］．民族研究，2004（4）：84－93.

［118］张五常．交易费用范式［J］．社会科学战线，1999（1）：1－9.

［119］张五常．经济解释：供应的行为［M］．北京：中信出版社，2012.

［120］张新时．草地的生态经济功能及其范式［J］．科技导报，2000，18（8）：3－7.

［121］张雪艳．我国三大经济区域交易成本对经济发展影响的比较研究［J］．沈阳师范大学学报（社会科学版），2008，32（6）：16－18.

［122］张宇燕，何帆．由财政压力引起的制度变迁［A］//天则论丛——从计划经济到市场经济［C］．中国财政经济出版社，1998.

［123］张忠．哈萨克斯坦伊犁河—巴尔喀什湖水域现状［A］．中亚信息，2001（5）：22.

［124］赵哈林，赵学勇，张铜会，等．北方农牧交错带的地理界定及其生态问题［J］．地球科学进展，2002，17（5）：739－746.

［125］赵和平．落实草原家庭承包责任制［J］．中国草业可持续发展战略论坛论文集，2004：62－65.

［126］赵红军，尹伯成，孙楚仁．交易效率、工业化与城市化——一个理解中国经济内生发展的理论模型与经验证据［J］．经济学（季刊），2003（3）：1042－1066．

［127］赵军，李霞．中国农牧交错带研究进展［J］．草业科学，2009，26（1）：94－99．

［128］赵松乔．察北、察盟及锡盟一个农牧过渡地区经济地理调查［J］．地理学报，1953，19（1）：43－60．

［129］赵万羽，李建龙，陈亚宁．天山北坡区域生态承载力与可持续发展［J］．生态学报，2008，28（9）：4363－4371．

［130］郑君雷，曹小曙．近东、中东和非洲大陆游牧业起源研究的若干背景资料译介［J］．农业考古，2005（3）：28－32．

［131］钟富国．交易成本对经济表现之影响两岸三地之比较［D］．台湾中山大学，2003．

［132］周立三，吴传钧，赵松乔．甘青农牧交错地区农业区划初步研究［M］．北京：科学出版社，1958．

［133］周其仁．产权与制度变迁［M］．北京：北京大学出版社，2004：20．

［134］周其仁．中国农村改革：国家和所有权关系的变化——一个经济制度变迁史的回顾［J］．中国社会科学季刊（秋季卷），1994．

［135］周业安．中国制度变迁的演进论解释［J］．经济研究，2000（5）：3－11．

［136］朱进忠．新疆草地退化的生态社会经济学透析［J］．新疆农业科学，2003，40（1）：81－84．

［137］［美］林南．社会资本：关于社会结构与行动的理论

［M］. 张磊译. 上海：上海人民出版社，2005.

［138］Adhikari B，Lovett J. Transaction Costs and Community – based Natural Resource Management in Nepal. Journal of Environmental Management，2006（78）：5 – 15.

［139］Agarwal R. M. Possibilities and limitations to cooperation in small groups：the case of group – owned wells in southern India［J］. World Development，2000，28（8）：1481 – 1497.

［140］Agrawal A. Sustainable Governance of Common – Pool Resources：Context，Methods，and Politics. Annual Review of Anthropology，2003（32）：243 – 262.

［141］Alimaev I，Kerven C，Torekhanov A et al. The impact of livestock grazing on soils and vegetation around settlements in Southeast Kazakhstan. In Behnke R（Ed. ）The Socio – Economic Causes and Consequences of Desetification in Central Asia. Dordrecht：Springer，2008，81 – 112.

［142］Alston L J，Libecap G D，Schneider R . The Determinants and Impact of Property Rights：Land Titles on the Brazilian Frontier. Joumal of Law Economics & Organization，1996，12（1）：25 – 61.

［143］Anderies J，Janssen A et al. A framework to analyze the robustness of social – ecological systems from an institutional perspective. Ecology and Society，2004，9（1）：18.

［144］Arnold J. E. M. Managing forests as common property［J］. FAO Forestry Paper 136，Rome，1998.

［145］Arrow K J. The Economics of Agency. In Pratt J，Zeckhauser

R, and Arrow K J (eds.) Principals and Agents: The Structure of Business. Harvard Business Press, 1985.

[146] Ashley, C, Carney, D. Sustainable Livelihoods: Lessons from Early Experience [J]. Department for International Development: London, UK, 1999.

[147] Aune B, Babulo A. Agricultural Intensification in the Sahel—The Ladder Approach. Agricultural Systems, 2008 (98): 119 – 125.

[148] Baker B, Moseley R. Advancing tree line and retreating glaciers: implications for conservation in Yunnan, P. R. China. Arctic, Antarctic and Alpine Research, 2007 (39): 200 – 209.

[149] Baland, J., Platteau, J. Halting Degradation of Natural Resources: Is There a Role of Rural Communities?. Oxford University Press and FAO, Oxford, Rome, 1996.

[150] Bardhan P. Symposium on Management of Local Commons. Journal of Economic Perspectives, 1993, 7 (4): 87 – 92.

[151] Barth F. Ecological Relationship of Ethnic Groups in Swat, North Pakistan. American Anthropologist, 1956, 58 (6): 1079 – 1082.

[152] Barth F. Nomads of South Persia: The Basseri of the Khamseh Confederacy. Oslo University Press, 1961.

[153] Barth F. Pathan Identity and Its Maintenance, Ethnic Group and Boundaries: The Social Organization of Culture Difference. Illinois: Waveland Press, 1998.

[154] Barzel, Y.. Economic Analysis of Property Rights, New York: Cambridge University Press, 1989.

[155] Behnke, R. H., I. Scoones, C. Kerven. Range Ecology at

Disequilibrium: New models of natural variability and pastoral adaptation in African savannas. London: Overseas Development Institute, 1993.

[156] Behnke, R. H. , Scoones, I. . Rethinking range ecology: Implications for range management in Africa [M] . London: Overseas Development Institute, 1993.

[157] Benham A. Measuring the Costs of Exchange. The Ronald Coase Institute and Washington University in St. Louis, 1998.

[158] Benham A. The Cost of Exchange: An Approach to Measuring Transactions Costs. The Ronald Coase Institute and Washington University in St. Louis, 2004.

[159] Berkes F. , Folke C. , Colding J. Linking social and ecological systems: management practices and social mechanisms for building resilience. Cambridge: Cambridge University Press, 1998: 387 – 389.

[160] Birner R. , Wittmer H. , 2000. Co – management of natural resources: A transaction cost economic approach to determine the efficient boundary of the state. International Symposium of New Institutional Economics, 2000 (9): 22 – 24.

[161] Bishwajit K D. Co – management Paticipation, Livelihood, and Status among Fishers in Baikka Beel, Bangladsh. Rural Livelihoods and Protected Landscapes: Co – management in the Wetlands and Forests of Bangladesh. USAID, 2011.

[162] Brett R. O' Bannon. Receiving an "Empty Envelope": Governance Reforms and the Management of Farmer – Herder Conflict in Senegal. Canadian Journal of African Studies, 2006, 40 (1): 76 – 100.

[163] Brian D, Leong H W. Measuring the Transaction Sector in

the Australian Economy, 1911 – 1991. Austrialian Economic History Review, 1998 (38): 207 – 231.

[164] Bromley D W, Cernea M M. The Management of Common Property Natural Resurces: Some Conceptual and Operational Fallacies. Washington D C, World Bank, 1989.

[165] Bromley, D W. Environment and Economy: Property Rights and Public Policy. Oxford, UK; Cambridge, USA: Blackwell, 2006.

[166] Bromley, Daniel W. Environment and Economy: Property Rights and Public Policy [M]. Cambridge University Press, 1991.

[167] Bromley, Daniel W. Resource Degradation in the African Commons: Accounting for Institutional Decay. Environment and Development Economics, 2008, 13 (5): 539 – 563.

[168] Bromley, Daniel W. Sufficient Reason: Volitional Pragmatism and the Meaning of Economic Institutions. Princeton: Princeton University Press, 2006.

[169] Brown F L, Dumars M, Minnes S. Transfers of Water use in New Mexico. Water Resour Inst, LasCruces, 1992: 267.

[170] Cason, T. N. and L. Gandgadharan. Transactions Cost in Tradeable Permit Markets: an Experimental Study of Pollution Market Designs. Journal of Regulation Economics, 2003, 23 (2): 145 – 165.

[171] Chambers, R.; Conway, G. Sustainable Rural Livelihoods: Practical Concepts for the 21st Century, 1st ed.; IDS Discussion Paper 296; IDS: Brighton, UK, 1992.

[172] Charlène Cabot. Climate Change, Security Risks and Conflict Reduction in Africa. A Case Study of Farmer – Herder Conflicts over Natu-

ral Resources in Côte d' Ivoire, Ghana and Burkina Faso 1960 – 2000. Hexagon Series on Human and Environmental Security and Peace, 2007: 12.

[173] Christian K, Freer M, Donnelly J, et al. Simulation of grazing systems [M]. Nehterlands: Pudoc Wageningen, 1978.

[174] Cleaver, F. Moral Ecological Rationality, Institutions and the Management of Common Property Resources. Development and Change, 2000, 31 (2): 361 –383.

[175] Coase R. The Problem of Social Cost. J. Lau. Econ, 1960 (3): 1 –44.

[176] Colby B G. Transaction Costs and Efficiency in Western Water Allocation. American Journal of Agricultural Economics, 1990 (72): 1184 –1192.

[177] Conway A, Killen L. Linear programming model of grassland management. Agricultural Systems, 1987, 25 (1): 51 –57.

[178] Cooter R. , Ulen T. . Law and Economics, 3rd ed. Pearson Education. Inc. , 2000.

[179] Cox, M. Balancing accuracy and meaning in common – pool resource theory. Ecology and Society, 2008, 13 (2): 44.

[180] Crocker, T. D. Externalities, property rights and transactions costs: an empirical study. Journal of Law and Economics, 1971 (14): 451 –464.

[181] Dafinger A and Pelican M. Sharing or Dividing the Land? Land Rights and Farmer – Herder Relations in Burkina Faso and Northwest Cameroon. Canadian Journal of African Studies, 2006, 40 (1):

127 – 151.

[182] Dagnino J, Maria J, Farina P E. Transaction Costs in Argentina. ISNIE, 1999.

[183] Dahlman C. The Open Field System and Beyond: A Property Rights Analysis of an Economic Institution. Cambridge: Cambridge University Press, 1980.

[184] Daly H. E. , Farley J. , et al. Ecological economics: principles and applications [M] . Ecological economics : principles and applications. Washington, D. C. : Island Press, 2011.

[185] Davies J, Richard M. The Use of Economics to Access Stakeholder's Incentives in Participatory Forest Management: A Review European Union Tropical Forest Paper. Overseas Development Institute. London, 1999: 5.

[186] De Soto H. The Other Path: The Invisible Revolution in the Third World. New York: Harper & Row, 1989.

[187] Demsetz H. The Control Function of Private Wealth. The Organization of Economic Activity. Oxford: Blackwell, 1988: 1.

[188] DFID. Sustainable Livelihoods Guidance Sheets; Department for International Development: London, UK, 1999. Available online: http: //files. ennonline. net/attachments/872/section2. pdf.

[189] Diankov S, Rafael La Porta, Florencio L S and Shleifer A. Courts the Lex Mundi Project. Working Paper. Harvard University.

[190] Du M, Kawashima S, Yonemura S et al. Mutual influence between human activities and climate change in the Tibetan Plateau during recent years. Global and Planetary Change, 2004 (41): 241 – 249.

［191］ Dudek D, Wienar J. Joint Implementation, Transaction Costs and Climate Change. OECD Economic Outlook, 1996 (173): 1 - 65.

［192］ Dörre, A. and Borchardt, P. Changing systems, changing effects - Pasture utilization in the post - soviet transition: case studies from southwestern Kyrgyzstan. Mountain Research and Development, 2012, 32 (3): 313 -323.

［193］ Eggertsson T. Economic Behavior and Instituions. Cambridge: Cambridge University Press, 1990.

［194］ Elliot F. Pastoralism: Governance and Development Issues. Annual Review of Anthropology, 1997, 26 (1): 143.

［195］ Ellis, F. Peasant Economics. Cambridge: Cambridge University Press, 1993.

［196］ Erenstein, O.; Hellin, J.; Chandna, P. Poverty Mapping Based on Livelihood Assets: A Meso - level Application in the Indo - Gangetic Plains, India. Appl. Geogr, 2010 (30): 112 -125.

［197］ Fairhead J, M Leach. Misreading the African Landscape: Society and ecology in a forest & savanna mosaic. Cambridge University Press, 2006.

［198］ Falconer, K. Farm - level constraints on agri - environmental Scheme participation: A transactional perspective. Journal of Rural Studies, 2000 (16): 379 -394.

［199］ Farrington D. De - Development in Eastern Kyrgyzstan and Persistence of Semi - nomadic Livestock Herding. Nomadic Peoples, 2005, 9 (1 -2): 171 -197.

[200] Fenoaltea, S. . Slavery and supervision in comparative perspectives: A model. Journal of Economic History, 1984 (44): 635 – 668.

[201] Fernández – Giménez, M. . Spatial and social boundaries and the paradox of pastoral land tenure: A case study from post – socialist Mongolia . Human Ecology, 2002, 30 (1): 49 –78.

[202] Fofack, H. Combining Light Monitoring Surveys with Integrated Surveys to Improve Targeting for Poverty Reduction: The Case of Ghana. The World Bank Economic Review No. 77309, 2000.

[203] Furubotn E G, Richter R . Institutions and Economic Theory: The Contribution of the New Institutional Economics. Revista De Economia Institucional, 2010, 2 (2): 165 –169.

[204] Furubotn E, Pejovich S. Property Rights and the Behavior of the Firm in a Socialist State. Z. für Nationnalökon. Winter, 1970 (30): 431 –454.

[205] Galvin Kathleen A. Transitions: Pastoralists Living with Change. Annual Review of Anthropology, 2009, 38 (1): 142 –155.

[206] Ghertman M. Measuring Macro – economic Transaction Costs: A Comparative Perceptive and Possible Implications. Second Annual Meeting of the International Society for New Institutional Economics. September, Paris, 1998.

[207] Gongbuzeren, Li Y, Li W. China's Rangeland Management Policy Debates: What Have We learned? . Rangeland Ecology & Management, 2015, 68 (4): 305 –314.

[208] Hagedorn, K; Arzt, Katja and Peters, Ursula. Institutional

Arrangements for Environmental Co – Operatives: A Conceptional Framework. Environmental Co – operation and Institutional Change. Edward Elgar, Cheltenham, 2002: 3 – 25.

[209] Hagedorn, K. Can the Concept of Integrative and Segregative Institutions Contribute to the Framing of Institutions of Sustainability? Sustainability, 2015 (7): 584 – 611.

[210] Hagedorn, K. Natural Resource Management: The Role of Cooperative Institutions and Governance. Journal of Entrepreneurial and Organizational Diversity, 2013, 2 (1): 101 – 121.

[211] Hagedorn, K. Particular Requirements for Institutional Analysis in Nature – Related Sectors. European Review of Agricultural Economics, 2008, 35 (4): 357 – 384.

[212] Hanna, S. Efficiencies of user participation in natural resource management. Property Rights and the Environment: Social and Ecological Issues. The Beijer International Institute of Ecological Economics and The World Bank, Washington, DC, 1995.

[213] Hardin CM. American Agriculture. Review of Politics, 1958, 20 (2): 196 – 208.

[214] Hardin, G. The Tragedy of the Commons. Science, 1968, 162 (3859): 1243 – 1248.

[215] Harris. R. Rangeland degradation on the Qinghai – Tibetan plateau: A review of the evidence of its magnitude and causes. Journal of Arid Environments, 2010 (74): 1 – 12.

[216] Hayak F A. The Constitution of Liberty. Chicago: The University of Chicago Press, 1960: 570.

［217］ Hayak F A. The Fatal Conceit: The Error of socialism. 1988. Great Britain. T. J. Press. Ltd. Padstow, Cornwall, 1988.

［218］ Hearne R, Easter K W. Water Allocation and Water Markets – Analysis of Gains from Trade in Chile. Washington, World Bank, 1995b.

［219］ Hobley, Mary. Participatory Forestry: The Process of Change in India and Nepal. Participatory Forestry the Process of Change in India & Nepal, 1996.

［220］ Howe, L. , Hargreaves, D. , Huttly, S. Issues in the construction of wealth indices for the measurement of socio – economic position in low – income countries. Emerg. Themes Epidemiol, 2008 (5): 1172 – 1186.

［221］ Johnson, C. Uncommon Ground: The "Poverty of History" in Common Property Discourse. Development and Change, 2004, 35 (3): 407 – 434.

［222］ Kasymov U, Hamidov A. Comparative Analysis of Nature – Related Transactions and Governance Structures in Pasture Use and Irrigation Water in Central Asia. Sustainability, 2017 (9): 1 – 18.

［223］ Kasymov U. Designing institutions in a post – socialist transformation process – Institutions in regulating access to and management of pasture resources in Kyrgyzstan. Berlin, Humboldt – Univ. , Diss, 2016.

［224］ Kasymov U. Designing institutions in a post – socialist transformation process: Institutions in regulating access to and management of pasture resources in Kyrgyzstan. Department of Resource Economics. Humbolt University. Berlin, 2015.

［225］ Kelman, I. , Mather, T. Living with Volcanos: The Sustainable Livelihoods Approach for Volcano – related Opportunities. J. Volcanol. Geotherm. Res, 2008 (172): 189 – 198.

［226］ Kerven C, Robinson S, Behnke R et al. A pastoral frontier: From chaos to capitalism and the re – colonisation of the Kazakh rangelands. Journal of Arid Environments, 2016, 127 (1): 106 – 119.

［227］ Kerven C, Steimann B, Dear C et al. Researching the Future of Pastoralism in Central Asia's Mountains: Examining Development Orthodoxies. Mountain Research & Development, 2012, 32 (3): 368 – 377.

［228］ Klein J, Harte J, Zhao X. Experimental warming causes large and rapid species loss, dampened by simulated grazing, on the Tibetan Plateau. Ecology Letters, 2004 (7): 1170 – 1179.

［229］ Klumpp K, Soussana J, Falcimagne R. Effects of Past and Current Disturbance on Carbon Cycling in Grassland. Agriculture, Ecosystem and Environment, 2007, 121 (1): 59 – 73.

［230］ Kumm, K. I. Transaction Costs to Farmers of Environmental Compensation. Department of Economics, SLU, University of Uppsala, Sweden, 1998.

［231］ Kuperan, K. , Mustapha, N. , Abdullah, R et al. Measuring transaction costs of fisheries co – management ［C］ . The Seventh Biennial Conference of the International Association for the Study of Common Property, Vancouver. Canada, 1998.

［232］ Lanjouw, J. Combining Census and Survey Data to Trace the Spatial Dimensions of Poverty: A Case Study of Ecuador. The World Bank

Economic Review No. 77308, 2000.

［233］Leffler, K., Rucker, R., 1990. Transaction costs and the efficient organization of production: A study of timber harvesting contracts. Journal of Political Economy, 1990 (99): 1060 – 1087.

［234］Leif V. Brottem. Environmental Change and Farmer – Herder Conflict in Agro – Pastoral West Africa. Human Ecology, 2016 (44): 547 – 563.

［235］Leslie K and Schroeder, Heike (Eds.). Institutions and Environmental Change: Principal Findings, Applications, and Research Frontiers. Boston, MA: The MIT Press, 2008.

［236］Li D, Tracy H, Shalima T, Li W. Changing Agro – Pastoral Livelihoods under Collective and Private Land Use in Xinjiang, China. Sustainability, 2019 (11): 166.

［237］Li, W and Huntsinger L. China's Grassland Contract Policy and Its Impacts on Herder Ability to Benefit in Inner Mongolia: Tragic Feedbacks. Ecology and Society, 2011, 16 (2): 1.

［238］Li, W and Li, Y. Managing Rangeland as a Complex System: How Government Interventions Decouple Social Systems from Ecological Systems. Ecology and Society, 2012, 17 (1): 9.

［239］Li, W, Ali, Saleem H. and Zhang, Q. Property Rights and Grassland Degradation: A Study of the Xilingol Pasture, Inner Mongolia, China. Journal of Environmental Management, 2007, 85 (2): 461 – 470.

［240］Li, W, Li, Y and Gongbuzeren. Rangeland Degradation Control in China: A Policy Review. Behnke, Roy and Mortimore, Michael (Eds. ). The End of Desertification? Springer Earth System Scinces, 2016.

[241] Libecap G D. Contracting for Property Rights. Cambridge: Cambridge University Press, 1989.

[242] Libecap, G. D. State Regulation of Open – Access, Common – Pool Resources. Icer Working Papers, 2003: 545 – 572.

[243] Lindberg E. Access to water for irrigation in Post – Soviet Agriculture. MSc thesis. Department of Geography. Zurich, University of Zurich, 2007.

[244] Liu J, Gao J, Han Y et al. Strategy and Countermeasure for Sustainable Development Northen Agriculture – pasturage Ecotone. China Development, 2008, 8 (6): 89 – 95.

[245] Malik A. Enforcement Costs and the Choice of Policy Instruments for Controlling Pollution. Economic Inquiry, 1996: 30.

[246] Mark Moritz. Changing Contexts and Dynamics of Farmer – Herder Conflicts across West Africa. Canadian Journal of African Studies, 2006, 40 (1): 1 – 40.

[247] Matthews S. The Economics of Institutions and the Sources of Growth. Economic Journal, 1986 (96): 903 – 918.

[248] Mccann L, Colby B, Easter K W, et al. Transaction Cost Measurement for Evaluating Environmental Policies. Ecological Economics, 2005, 52 (4): 527 – 542.

[249] Mccann L, Easter K W. Transaction Costs of Policies to Reduce Agricultural Phosphorous Pollution in the Minnesota River. Land Economics, 1999, 75 (3): 402 – 414.

[250] Morley F. Pasture growth curves and grazing management. Australian Journal of Experimental Agriculture and Animal Husbandry, 1998 (8): 40 – 45.

[251] Mortimore M. Roots in the African Dust: sustaining the sub – Saharan drylands. Cambridge University Press, 2010.

[252] Muchena F N, Mureith J G, Macharia P N, et al. Land resources inventory, evaluation and monitoring, 2003.

[253] Ninda S. The Political Context of Brahui Sedentarization. Ethnology. 1973, 12 (3): 299.

[254] North D C, Government and the Cost of Exchange. Journal of Economic History, 1984 (44): 255 – 264.

[255] North D C, Thomas R P. The Rise of the Western World: A New Economic History. Cambridge: Cambridge University Press, 1973.

[256] North, D. and R. Thomas. An Economic Theory of the Growth of the West World. The Economic Review, 1970 (23): 1 – 17.

[257] North, D. C., Institutions, Institutional Change and Economic Performance, Cambridge Unversity Press, 1990.

[258] Oksen P, Breusers M, Nederl S et al. Disentanglements: A Comment on Conflict or Symbiosis. The Journal of Modern African Studies, 2000, 38 (1): 121 – 124.

[259] Ostrom, E., Burger, J., Field, C. B., et al. Revisiting the commons: local lessons, global challenges. Science, 1999, 284 (5412): 278 – 282.

[260] Ostrom, E., Cox, M. Moving beyond panaceas: a multi – tiered diagnostic approach for social – ecological analysis [J]. Environ-

mental Conservation, 2010, 37 (4): 451 -463.

[261] Ostrom, E. A diagnostic approach for going beyond panace-as. Proceedings of the National Academy of Sciences of the United States of America, 2007, 104 (39): 15181 - 15187.

[262] Ostrom, E. A General Framework for Analyzing Sustainabili-ty of Social - Ecological Systems. Science, 2009, 325 (5939): 419 - 422.

[263] Ostrom, E. Beyond Markets and States: Polycentric Govern-ance of Complex Economic Systems. American Economic Review, 2010, 100 (3): 641 -672.

[264] Ostrom, E. Collective action and the evolution of social norms. Journal of Economic Perspectives, 2000, 14 (3): 137 - 158.

[265] Ostrom, E. Governing the Commons. Cambridge: Cambridge University Press, 1990.

[266] Paavola, J and Adger, W. Institutional Ecological Econom-ics. Ecological Economics, 2005, 53 (3): 353 - 368.

[267] Pare, Ernest and Yameogo J. Monographie of province Boul-gou, Burkina Faso. Ministry of Economic and Finance, 2001.

[268] Parton W, Scurlock J, Ojima D, et al. Impact of Climate Change on Grassland Production and Soil Carbon Worldwide. Global Change Biology, 1995, 1 (1): 13 - 22.

[269] Pearson K. On the General Theory of Skew Correlation and Non - linear Regression. London: Dulau & Co. , 1905.

[270] Polski, Margaret M. Measuring Transaction Costs and Insti-tutional Change in the U. S. Commercial Banking Industry. Mimeo, Indi-

ana University, 2001.

［271］ Pomfret R. W. Aid and ideas: The Impact of Western Economic Support on the Muslin Successor States. Ro Yaacov (Ed. ) Democracy and Pluralism in Muslin Eurasia. London: London: Frank Cass Publishers, 2004: 77 – 99.

［272］ Pu J, Yao T, Yang M et al. Rapid decrease of mass balance observed in the Xiao (Lesser) Dongkemadi Glacier, in the central Tibetan Plateau. Hydrological Processes, 2007 (22): 2952 – 2958.

［273］ Ramstad, Yngve. Is a Transaction a Transaction? Journal of Economic Issues, 1996, 30 (2): 413 – 425.

［274］ Randall, A. Property Rights and Social Microeconomics. Nat Res J, 1975, 15 (4): 729 – 747.

［275］ Ren J, Liang T, Lin H et al. Study on Grassland's Responses to Global Climate Change and its Carbon Sequestration Potentials. Acta Prataculturae Sinica, 2011, 20 (2): 1 – 22.

［276］ Robinson, B. E. , Li, P. , Hou, X. Institutional change in social – ecological systems: The evolution of grassland management in Inner Mongolia. Global Environmental Change, 2017.

［277］ Rohner I. National and International Labour Migration: A case study in the province of Batken, Kyrgyzstan. IP6 Working Paper No. 8 NCCR North – south Dialogue Series. Bern: Swiss National Centre of Competence in Research (NCCR) North – south, 2007.

［278］ Saleth R M and Dinar. Evaluating Water Institutions and Water Sector Performance. Tech. Pap. 447, World Bank, Washington D. C. , 1999.

[279] Salzman P. Adaption and Political Organization in Iranian Baluchistan. Ethnology, 1971, 10 (4): 153 – 158.

[280] Salzman P. Continuity and Change in Baluehi Trible Leadership. International Joumal of Middle East Studies, 1973, 4 (4): 273 – 282.

[281] Salzman P. Pastoralism Nomads: Some General Observations Based on Research in Iran. Journal of Anthropology Research, 2002, 58 (2): 367 – 381.

[282] Salzman P. The Proto State in Iranian Baluehistan. The Origins of State. The Anthropology of Political Evolution. Cohen and Service. Philadelphia, 1978.

[283] Salzman P. Why Tribes Have Chiefs: A Case from Baluchistan. The Conflict of Tribe and State in lran and Afghanistan. R. Rapper, London, 1983.

[284] Schlager, E., Ostrom, E. Property – Rights Regimes and Natural Resources: A Conceptual Analysis [J]. Land Economics, 1992, 68 (3): 249 – 262.

[285] Scoones, I and Graham, O. New Directions for Pastoral Development in Africa. Development in Practice, 1994, 4 (3): 188 – 198.

[286] Scoones, I. Living with Uncertainty: New Directions in Pastoral Development in Africa. Intermediate Technology Publications London, 1994.

[287] Spooner B. Politics, Kinship, and Ecology in Southeast Persia. Ethnology, 1968, 8 (8): 142.

［288］ Spooner B. Towards a Generative Model of Nomadis. Anthropology Quarterly, 1971, 4 (3): 198.

［289］ Steve Tonah. Migration and Farmer – Herder Conflicts in Ghana's Volta Basin. Canadian Journal of African Studies, 2006, 40 (1): 152 – 178.

［290］ Sun H, Chen Y, Li Weihong et al. Variation and abrupt change of climate in Ili River Basin, Xinjiang. Journal of Geography Science, 2010, 20 (5): 652 – 666.

［291］ Thomas J. Bassett. The Political Ecology of Peasant – Herder Conflicts in the Northern Ivory Coast. Annals of the Association of American Geographers, 1988, 78 (3): 453 – 472.

［292］ Tietenberg, T. , Thomas, H. Environmental and Natural Resource Economics – 6th ed ［M］. Beijing: Tsinghua University Press, 2005.

［293］ Tor A. Benjaminsen and Boubacar Ba. Farmer – Herder Conflicts, Pastoral Marginalisation and Corruption: A Case Study from the Inland Niger Delta of Mali. The Geographical Journal, 2009 (175): 71 – 81.

［294］ Turner M. D. Merging Local and Regional Analyses of Land – Use Change: The Case of Livestock in the Sahel. Annals of the Association of American Geographers, 1999, 89 (2): 192 – 219.

［295］ Turner M. D. Political ecology and the moral dimensions of resource conflicts: the case of farmer – herder conflicts in the Sahel. Ethics in Political Ecology, 2004, 23 (7): 863 – 889.

［296］ Turner, S. Common property resources and the rural poor in Sub – Saharan Africa ［J］. Economic & Political Weekly, 1995: 21.

［297］ Ugo Fabietti. Power Relations in Southern Baluohistan: A Comparison of 1‰Ethnographic Cases. Ethnology, 1992 (31): 15 – 21.

［298］ Umbeck J R. Might makes rights: a theory of the formation and initial distribution of property rights. Economic Inquiry, 1981, 20 (2): 38 – 59.

［299］ Uphoff N. Grassroots organizations and NGOs in rural development: Opportunities with diminishing states and expanding markets. World Development, 1993, 21 (4): 607 – 622.

［300］ Wade, R. The Management of Common Property Resources: Collective Action as an Alternative to Privatisation or State Regulation. Cambridge Journal of Economics, 1987, 11 (2): 95 – 106.

［301］ Wallis J, North D C. Measuring the Transaction Sector in the American Economy: 1870 – 1970. Edited by Engerman S L and Gallman R E. University of Chicago Press, 1986.

［302］ Watson R, Zinyowera M, Moss R, eds. Impacts, Adaptations and Mitigation. of Climate Change: Scientific – Technical Analyses. Cambridge University Press, 1996: 131 – 158.

［303］ Williamson O E. Hierachies, Markets and Power in the Economy: An Economic Perspective. Industrial and Corporate Change, 1995.

［304］ Williamson O E. The Economic Institutions of Capitalism: Firms, Markets, Relational Contracting. New York: The Free Press, 1985.

［305］ Williamson O E. The Mechanisms of Governance. Oxford: Oxford University Press, 1996.

［306］ Williamson O E. The New Institutional Economics: Taking Stock, Looking Ahead. Journal of Economic Literature, 2000, 38 (3):

595 – 613.

[307] Wilsey B, Parent G, Roulet N, et al. Tropical Pasture Carbon Cycling: Relationships between C source/sink Strengh, Above – ground Biomass and Grazing. Ecology Letters, 2002, 5 (3): 367 – 376.

[308] Young, Oran R. The Institutional Dimensions of Environmental Change: Fit, Interplay, and Scale. Cambridge, MA: The MIT Press, 2002.

[309] Yu, L and Farrell, Katharine Nora. Individualized Pastureland Use: Responses of Herders to Institutional Arrangements in Pastoral China. Human Ecology, 2013, 41 (5): 759 – 771.

[310] Yu, L and Farrell, Katharine Nora. The Chinese Perspective on Pastoral Resource Economics: A Vision of the Future in a Context of Socio – Ecological Vulnerability. Revue Scientifique et Technique – Office International des Epizooties, 2016, 35 (2): 523 – 531.

[311] Yu, L. Agro – Pastoralism under Climate Change: Institutions and Local Climate Adaptations in Northern China. Land Use Policy, 2016 (58): 173 – 182.

[312] Zak, P. J., Knack, S. Trust and growth. The Economic Journal, 2001, 111 (470): 295 – 321.

[313] Zhang Y, Welker J. Tibetan alpine tundra responses to simulated changes in climate: aboveground biomass and community responses. Arctic and Alpine Research, 1996 (28): 203 – 209.

[314] Zhao H L, Zhao X Y, Zhang T H et al. Boundary line on agro – pasture zigzag zone in north China and its problems on eco – environment. Advance in Earth Sciences, 2002, 17 (5): 739 – 748.

# 附　录


## 社区牧民调查问卷


（1）基础情况。

姓名_____年龄_____文化程度_____职业_____现在家庭总人口_____家庭结构_____ 1984 年家庭人口_____夏牧场面积_____冬牧场面积_____春季草场面积_____秋季草场面积_____饲草料地（收获多少）_____耕地_____种植_____大羊头数_____牛_____马匹_____最多的年份_____减少的原因_____

（2）家庭收入。

牲畜情况（往年情况，卖畜策略）：

是否出售奶制品或羊毛：

手工制作或其他经济活动情况：

政府补贴：

打工：

卖草收入：

农田收入：

是否进入合作社：

（3）家庭开支。

买草买料（第一次买饲草的时间）：

打草和牧工：

农田支出：

浇水支出：

日常开支：

教育和医疗：

婚礼开支和礼金（村里有多少亲戚）：

日常宰杀牲畜：

贷款（起始日期，用来做什么）：

（4）草场利用情况。

小组的情况：

是否因为兵团失去了土地：

转场时间：

谁负责每个时间段的放牧和打草：

是否有草场争议：

是否有退化（哪一年开始退化，哪个草场最严重）：

退化原因：

如何解决：

是否有围栏，主要在哪个草场：

每户有围栏还是没有：

是否有代牧，看法如何，如何解决：

集体化时期如何选择作为牧民：

是否帮农民代养牲畜以及费用和时间：

（5）定居。

原先住哪里，何时定居，为什么定居：

花费如何，卖了多少牲畜：

定居的好处是什么：

负面影响是什么：

（6）开放性问题。

是否后悔做牧民：

未来计划：

畜牧业的未来该如何发展：

希望儿子或孙子做什么：

谁来放牧：

# 社区农民调查问卷

（1）基础情况。

姓名＿＿＿＿＿年龄＿＿＿＿＿文化程度＿＿＿＿＿职业＿＿＿＿＿现
在家庭总人口＿＿＿＿＿家庭结构＿＿＿＿＿1984 年家庭人口＿＿＿＿＿
夏牧场面积＿＿＿＿＿冬牧场面积＿＿＿＿＿春季草场面积＿＿＿＿＿秋
季草场面积＿＿＿＿＿饲草料地（收获多少）＿＿＿＿＿耕地＿＿＿＿＿
种植＿＿＿＿＿大羊头数＿＿＿＿＿牛＿＿＿＿＿马匹＿＿＿＿＿最多的年
份＿＿＿＿＿减少的原因＿＿＿＿＿

（2）家庭收入。

农田收入：

牲畜收入（往年情况，卖畜策略）：

是否出售奶制品或羊毛：

手工制作或其他经济活动情况：

政府补贴：

打工：

是否进入合作社：

（3）家庭开支。

农田支出：

灌溉支出：

买草买料（第一次买饲草的时间）：

日常开支：

教育和医疗：

婚礼开支和礼金（村里有多少亲戚）：

日常宰杀牲畜：

贷款（起始日期，用来做什么）：

（4）农田情况。

农田灌溉情况：

农机情况：

是否与农户之间产生冲突：

（5）牲畜饲养情况。

牲畜饲养策略（舍饲圈养，农田收获后，草场）：

是否找牧民代牧：

代牧费用和时间：

代牧交易过程：

是否与牧户产生冲突：

是否有草场争议：

是否有退化（哪一年开始退化，哪个草场最严重）：

退化原因：

如何解决：

集体化时期如何选择作为农民：

（6）定居。

原先住哪里，何时定居，为什么定居：

花费如何：

定居的好处：

负面影响：

（7）开放性问题。

是否后悔做农民？

未来计划：

希望儿子或孙子做什么？